Basic cooking 2

Alles, was ich jetzt zum guten Kaufen, Kochen und Essen brauche

Sabine Sälzer Sebastian Dickhaut

Basic Cooking 2
Inhalt

Basic Know-how

Basic Rezepte

Zum Heraustrennen für die Küche:
Basic-Plakat »Die 18 Homemade Basics«

Einfach weiter kochen. Mehr nicht.

Nein, das Feuer wollen wir jetzt nicht mehr erfinden. Denn das haben wir ja schon mal gemacht ...

... als wir das gute alte Grundkochbuch auseinander genommen und wieder zusammengebaut haben, quadratisch, orange und mit der Zitrone vorne drauf – Basic cooking. »Einfach kochen, mehr nicht«, hieß da der erste Satz, und der Rest ist ..., nein, nicht Geschichte, eher eine Art Fortsetzungsroman in Kochbuchformat. Die Story reicht vom Nudelmachen bis zum Kuchenbacken, spielt im Orient wie in unserer Küche, nimmt uns mit zum Fischmarkt und ins Veggie-Café – immer auf der Suche nach dem guten Kochen und Essen.

»Alles ganz prima«, schreiben uns die Leute, »aber wie wär's mal wieder damit, was ganz anderes zu machen? Wie wär's mit: Basic Cooking 2?« Gute Frage: Was braucht's für ein Grundkochbuch in einer Zeit, in der Fernsehköche Rockstars sind und unsere Küche auch mehr Glamour will, in der immer mehr auf bio schwören und ein paar von uns jetzt Kinder haben, in der viele Basics klar sind, wir aber immer noch eine Menge Fragen haben?

Zum Beispiel: Wie komme ich an gute Zutaten? Wir meinen, dass wir dazu nicht die Ahnenreihe einer Tafel Schokolade kennen müssen, sondern nur gute Händler und Produkte in unserer Nähe. Der Weg dorthin beginnt gleich auf der nächsten Seite und führt über Homemade Chilisauce, Tricks fürs Hähnchenzerlegen und Tipps zum Zauberwürzen zu der Frage, um die's geht: Was koche ich heute? In einer Zeit, in der Millionen Rezepte nicht nur durchs Internet wuseln. In dem Moment, in dem ich einfach schnell was Gutes will.

Die Antwort: über 100 neue echte »Lieblingsrezepte von früher, heute und morgen«, wie die Basic-Erfinderin Sabine Sälzer sagt. Vermisste Klassiker wie den Tafelspitz, die Favoriten der Basic-Models (Kichererbsen-Garnelen-Curry!) und Sachen, die einfach nur toll sind – wie Dampfnudeln mit Salsicce-Füllung. Dazu gibt der Basic-Erfinder Sebastian Dickhaut noch ein paar Grundkurse von Fischgrillen bis 80-Grad-Garen. Denn einfach kochen, das hatten wir ja schon. Jetzt geht es weiter, jetzt wird erweitert: more basics. Mehr nicht.

Know-how

Frisches kochen

Wer gut kochen und essen will, muss zuerst gut kaufen können.

Warum schmeckt uns ein Thai-Curry in Thailand fast immer besser als zu Hause? »Weil wir da im Urlaub sind.« Nein, weil sie dort fast vor jedem Essen frisch einkaufen. »Na dann lass' uns mal schnell zum Gemüseladen gehen.« Und was gibt's? »Frische Kräuterpfannkuchen.« Ah, für den Urlaub daheim.

Heute kauf' ich mir was Frisches

Aber braucht mein Steak dann gleich sieben Siegel? Nicht, wenn ich Geschmack habe.

»Kaufen ist das neue Kochen!«, sagen die Trendforscher. Das heißt: Heute werde ich bei einer Einladung nicht mehr gefragt, wie ich diese tolle Schokomousse gemacht habe, sondern: »Was ist das denn für Schokolade?« Die Antwort bitte mit vollem Namen und Kakaobohnenanteil.

Dank der neuen Schokoboutiquen kann ich mir da auch schnell was Schickes einfallen lassen. Schwieriger wird's beim Steak. Weil der Metzger nämlich meistens nur eine Marke in der Theke hat – seine. Und weil nichts draufsteht auf dem Fleisch. Wie da das Gute finden? Sicher, es gibt die Warentests, Ökozeichen, Kontrollsiegel. Aber spiele ich immer nur »Kaufen nach Zahlen«, also nach Testnoten, Nährwerten, Preisschildern, kann es zur Geschmacksverwirrung kommen. Etwa, wenn meine Zunge nicht gut findet, was die Testzeitschriften »gut« finden. Weil sie eben ihren eigenen Geschmack hat – meinen. Und den trainieren wir jetzt, damit wir besser durch den Konsumwald traben können, um am Ende heil mit reicher Beute rauszukommen.

Kauft mehr frisches Gemüse

Wer bei Obst und Gemüse die Saison kennt, hat schon zur Hälfte gewonnen. Wenn ich dann noch weiß, wann das Beste aus meinem Land kommt, kann mir nicht mehr viel passieren. Ich nehme im Winter lieber Möhren statt Paprika und freue mich im Juli über saftige Nektarinen, statt über fade Äpfel zu weinen. Das spart auch Geld.

Ein guter Händler hilft bei all dem sehr. An seiner gepflegten Ware erkenne ich ihn gleich: keine vergilbten oder welken Blätter; keine Dellen, Kerben, dunklen Stellen oder Fehlfarben; keine verschrumpelte Schale oder Haut, keine vertrockneten Anschnitte. Und über allem ein Duft und eine Frische wie am Morgenmarkt. Wobei zu viel Idylle auch nicht gut ist – Tomaten wie Edelsteine sind meist nur ein Zuchterfolg für den Transporter, Limetten mit gelben Flecken schmecken aromatischer als rundum grüne und schrumplige Passionsfrüchte feiner als glatte. Also gilt am Ende wieder: Vertraue Deinem Geschmack.

Mein Metzger und ich

Vor der Fleischtheke braucht es außer Geschmacksvertrauen auch noch Vertrauen in den Metzger. Denn wenn es ums Fleisch und die Wurst geht, muss man besonders hinschauen – wegen der Hygiene, wegen der Skandale, wegen des Respekts vor dem Tier. Ein völlig sauberer Laden ist da selbstverständlich, wobei es nicht immer die neueste Vollglastheke sein muss. Wissen die Leute dahinter, was sie tun, können sie einem bei Fragen (»Welches Stück ist für mein Gulasch gut?« »Was steckt in der Salami?«) wirklich weiterhelfen. Was ein »Bei-uns-ist-alles-super-Sortiment« nicht immer tut. Denn die meisten Metzger können oftmals eine Sache besonders gut. Machen etwa eher beim Fleisch als bei der Wurst Punkte. Und das hauptsächlich beim Rindfleisch. Vor allem beim lang gereiften. Das alles lässt sich herausfinden – durch forschen, fragen, ausprobieren.

Dazu ein paar Stichpunkte: Das beste Zeug zum guten Metzger hat der, der ausgesuchte Tiere selbst schlachtet und das Fleisch am besten noch »warm« ohne Zwischenstopp im Kühlhaus verarbeitet. Doch das ist selten (und meist teuer). Öfter findet man Metzger, die ihre Stücke am Schlachthof selbst wählen und zerlegen, statt es von Großschlachtereien liefern zu lassen. Was nicht heißt, dass wir den Supermarktmetzger für immer verlassen müssen – auch hier arbeiten viele Ketten inzwischen eher regional als zentral. Und mit unserer Erfahrung können wir jetzt auf einen Blick testen: Alles sauber? Das Fleisch fest, von leuchtender, einheitlicher Farbe und feinem Glanz, mit genügend Abstand und nicht im eigenen Saft in die Theke sortiert? Einen guten Standard bei den Spezialitäten, dazu öfter mal was Neues und Ungewöhnliches (wozu Steaks in wechselnder Chemie-Marinade nicht zählen)? Ein Meister, dieser Metzger.

Den Fisch frisch, bitte

In der »Fisch-Szene« wird oft sehr viel »direkter« als bei den Metzgereien gearbeitet. Was heißt, dass das Zerlegen und Vorbereiten gleich hinter der Theke vor meinen Augen geschieht, so dass meine Wünsche sofort aufgenommen werden können. Und lernen kann ich dabei auch gleich noch. Für den Vertrauenstest schaue ich in die Theke: Ganze Fische sollten gut gekühlt sauber auf Eis (nicht darin) liegen oder in einer Schale, ohne dass Wasser darin steht. Filets sollten immer in einer Schale sein, da Eis sie verwässert und Aroma nimmt. Dann folgt der Blick auf den Fisch selbst: klare runde Augen, Glanz auf der Haut, die straff über festem Fleisch liegt, und geschlossene Kiemen sind bei ganzen Fischen ideal. Filets sind sauber zugeschnitten und weisen keine Flecken oder trockene Stellen auf, dafür haben sie einen samtigen Glanz auf festem Fleisch. Und alles darf – wie der ganze Laden – kein bisschen fischig riechen.

Fünf Goldregeln für frisches Kaufen

1. Finde Deinen Händler
Einen, der seine Ware jeden Tag frischmacht und Fragen beantwortet, statt marktschreit. Der mir was besorgen kann, mich kennt und am Abend seine Auslage aufräumt. Wo es solche Händler gibt? Freunde, Familie, Kollegen fragen. Oder in Guides, Zeitung, Branchenbuch schauen.

2. In den Kalender sehen
Erdbeeren im Winter? Geht nicht, wissen wir. Aber auch Äpfel im Sommer oder Spinat im Herbst sind keine gute Idee, weil das dann keine Saison hat und wenig taugt. Wer Erzeugermärkte besucht, bekommt das Entdeckergefühl dafür, was wann geht – statt schon wieder irgendwas mit Tomaten zu machen. Ist übrigens auch billiger so.

3. Wo kommt das denn her?
Es ist ein Fortschritt, dass bei Lebensmitteln dran stehen muss, wo sie herkommen. Aber woher weiß ich, dass der Name da ein guter ist? Wenn dort ein richtiger Erzeuger statt nur eine Firma notiert ist, ist das nicht schlecht, bei Grundzutaten aber selten. Außer man kauft beim Produzenten oder aus der Region. Eine Garantie fürs Gute ist das allerdings nicht. Aber: Wer nahe an Region, Saison und Kundschaft produziert, gibt sich oft besonders Mühe.

4. Finde Geiz nicht geil
Denn Billigfleisch schadet auf Dauer nicht nur mir, sondern auch Bauern, Metzgern, Händlern. Irgendwem muss das Geld ja fehlen, wenn unter Wert verkauft wird. Wohin das führt, haben wir nicht nur bei der BSE-Krise gemerkt, sondern sehen es auch beim Braten solcher Stücke. Was nicht heißt, dass nur was taugt, was bio und teuer ist. Einkaufen nach den ersten drei Goldregeln hilft oft schon.

5. Ist das auch fair?
Der Boss sagt: »Damit es mir weiter gut geht, arbeitest du ab jetzt härter für weniger Geld.« Unfair! Und nicht nur auf Kaffeeplantagen üblich. Den dort abgezockten Bauern hilft die Fair-Trade-Bewegung, die teure Zwischenhändler ausschaltet und so einen fairen Anteil am Gewinn garantiert. Bei uns können wir auf Erzeugermärkten und in Hofläden »fair trade« pflegen – wenn die Bauern keinen »Authentizitätsaufschlag« wollen. Denn das ist auch unfair.

Der Basic-Kühlschrank

»Mensch, schau mal, das Teil da im Fenster.«
»Ob es so gut schmeckt, wie es aussieht?«

Der Vorratsschrank ist das klassische »Kaufhaus« in der Küche. In seinem Grundsortiment findet sich immer ein Basic-Teil, auf dem sich ein Gericht aufbauen lässt. Richtig interessant wird es aber, wenn ich das mit etwas Frischem und Gutem aus dem Kühlschrank kombinieren kann – aus der »Boutique« in meiner Küche. Ist die gut sortiert, bekomme ich hier immer das Neueste der Saison wie Spargel im Frühling oder Wildpilze im Herbst und dazu die wichtigen frischen Basics – Butter, Kräuter, Speck, Weißwein – sowie diverse geöffnete Dosen, Gläser und Flaschen. Ladenhüter sind oft leider inbegriffen (waren die Senffrüchte nicht schon in der letzten Wohnung hier drin?).

Schauen wir nun, was sonst noch alles im Kühlschrank steckt: ganz unten das Gemüsefach zum Beispiel. Dort ist es am wärmsten, weil die Abdeckplatte darüber die sinkende Kälte abhält. Hier kommen Gemüse rein, aber auch Salat, Kräuter, viele Früchte – jeweils getrennt in Tüte, Folie oder Boxen. Über dem Gemüsefach ist es am kältesten – der richtige Platz für alle sensiblen Milchprodukte (außer Käse) sowie Wurst, Fleisch und Fisch. Die letzten drei werden nach dem Kauf immer gleich aus Folie oder Papier genommen und gut abgedeckt und getrennt voneinander in Schalen oder Boxen gelegt. Den Fisch möglichst rasch, aber spätestens nach 1 Tag zubereiten, ebenso gehacktes oder klein geschnittenes Fleisch. Magere Stücke halten länger als fette, aber auch fürs Filetsteak ist es nach höchstens 3 Tagen Zeit zum Braten.

Ganz oben kann Kälteempfindliches wie Käse (in der Box, Extremsorten abtrennen) aufbewahrt werden, dazu geöffnete Gläser, damit sie nicht außer Sichtweite ihr Eigenleben entwickeln. Die Mitte gehört den übrigen Anspruchslosen wie etwa den Resten vom Mittagessen oder eingekühlten Säften. Wobei die »warme« Tür der beste Platz für alles Trinkbare ist, wenn es nicht eiskalt sein soll. Weswegen auch Butter und Eier dort ihr Fach haben. Alle Details dazu stehen auf der rechten Seite.

Was ich im Kühlschrank brauche ...

... und wie ich es aufbewahre. Von M (muss man haben) über L (nach Lust und Laune) bis XL (extra lecker).

M

Eier: ab 14 Tage vorm MHD (Mindesthaltbarkeitsdatum) in der Tür, wo es nicht eiskalt ist

Milch: geschlossen ganz unten überm Gemüsefach, wo es am kältesten ist; offen in der Tür

Butter: geschützt vor Aromen in der Dose und in der Tür, damit sie nicht zu hart wird

Sahne: überm Gemüsefach

Joghurt: überm Gemüsefach

Lieblingswurst: in der Wurstdose überm Gemüsefach

Speck, Salami: in einer Extra-Box überm Gemüsefach

Sardellenfilets, Senf, Kapern: wenn geöffnet, dann in Sichtweite nach oben stellen

Schnittkäse: in der Box eher oben, damit er nicht eiskalt ist

Parmesan: in einer Extra-Box oder -Tüte, wo immer ich mag

Möhren, Frühlingszwiebeln, Blattsalat: in der Tüte im Gemüsefach

Petersilie, Schnittlauch: in Folie gewickelt und geschützt vor Druck im Gemüsefach

Weißwein: zum Kühlen 1 Tag in die Kühlschranktür, geöffnet in 1–2 Tagen trinken

***** IM TIEFKÜHLER:** Erbsen, Spinat, Fischfilets, Beeren, Blätterteig, Eiskrem, Eiswürfel

NICHT IM KÜHLSCHRANK, AM BESTEN KÜHL IM KELLER: Zwiebeln, Kartoffeln, Tomaten, Salatgurken sowie Zitronen, Orangen, Äpfel, Bananen, Basilikum

L

Buttermilch, Quark, saure Sahne, Crème fraîche: geschlossen in der Mitte, offen überm Gemüsefach

Schinken, Streichwurst: in der Box überm Gemüsefach, getrennt von Kochwurst

Räucherlachs, marinierter Hering: gut verschlossen überm Gemüsefach

Schafkäse (Feta), Weichkäse, Mozzarella: oben oder im Gemüsefach in der Packung (Feta, Mozzarella) oder Extra-Box (Schimmelkäse)

Rüben aller Art, Blumenkohl, Brokkoli, Kohl, Lauch, Pilze, Zucchini: in der Tüte im Gemüsefach

Beeren, Früchte mit Stein/Kern (z. B. Kirschen, Nektarinen): abgedeckt 1–2 Tage im Gemüsefach – spätestens dann essen!

Dill, Rucola, Koriander, Minze: in Folie gewickelt, geschützt vor Druck im Gemüsefach

Prosecco, Sekt: in der Tür (siehe oben bei Weißwein)

***** IM TIEFKÜHLER:** Garnelen

XL

Crème double, Mascarpone: in der Mitte oder über dem Gemüsefach

Blauschimmel-, Rotschmier-, Ziegenkäse: oben jeweils in einer Extra-Box, mindestens 30 Minuten vorm Servieren rausnehmen

Parmaschinken usw.: in der Wurstdose getrennt von Kochwurst überm Gemüsefach

Bohnen, Erbsen, Radieschen, Rettich, Spargel und andere Zartgemüse: im Gemüsefach in der Tüte (Spargel dazu im feuchten Tuch) – und nach 1–2 Tagen essen

Fenchel, Kürbis, Mais: im Gemüsefach in der Tüte oder offen kellerkühl (Kürbis)

Bärlauch, Borretsch, Estragon, Kerbel, Salbei, Melisse: in Folie im Gemüsefach

Tropen- und Südfrüchte: vorm Servieren nur kurz ankühlen, ansonsten am besten kellerkühl und getrennt voneinander

Räucheraal, Forellenfilets, Kaviar: gut verschlossen über dem Gemüsefach

Champagner, Cidre: in der Tür (siehe ganz oben bei Weißwein)

Die 18 Homemade Basics

HOT

Die 18 Homemade Basics

Würz- und Kräuterzucker

Würzzucker A: Zucker mit gemahlenen Gewürzen (Anis, Zimt, Fenchel, Kardamom) gemischt. B: krümeligen Kandis mit ganzen Gewürzen mörsern. C: Zucker mit ganzen Stücken (Vanilleschote, Zitrusschale, Zimtstange) mehrere Tage ziehen lassen. Kräuterzucker: groben Zucker mit Blättchen von »süßen« Kräutern (Minze, Zitronenmelisse, Basilikum) im Mörser zerreiben. Gut zu Früchten, Cremes, Kuchen, Torten.

Pesto

Die Blätter von 1 Bund Basilikum abzupfen, nicht waschen. 2 EL Pinienkerne rösten, abkühlen lassen. 3 Knoblauchzehen schälen und hacken. Alles mit 1 Prise Salz pürieren oder mörsern. Esslöffelweise 1/8 l Olivenöl und 50 g frisch geriebenen Parmesan unterrühren.

Aromasalz

Ganz einfach Salz mit Aromen mörsern: Fenchel, Kümmel, Pfeffer, Safran, Wacholder, Senfkörner, Bohnenkraut, Lorbeer, Majoran, Oregano, Rosmarin, Salbei, Thymian, Chilis, Ingwer, Knoblauch, Zitrusschale.

Trockenkräuter

Robuste Kräuter (Thymian, Oregano, Salbei, Rosmarin, Majoran, Bohnenkraut, Lorbeer) an einem dunklen, luftigen, warmen Ort in lockeren Bündeln an ihren Zweigen aufhängen und trocknen. Dann im Ganzen oder abgerebelt dunkel und luftdicht aufbewahren. Geben warmen Gerichten Aroma.

Sirup

nach Omas Art: 700 g Himbeeren zerdrücken, 24 Stunden stehen lassen. Dann durch ein feines Tuch passieren. Je 100 ml Saft mit 200 g Zucker aufkochen, in heiß ausgespülte Flaschen füllen, verschließen. Ergibt etwa 1 l. Schnelle Art: Sirup aus 500 g Zucker un 1/2 l Wasser kocher mit 700 g Himbeere aufkochen und passieren, dann wie oben abfüllen. Ergib etwa 1 1/2 l.

Sonnentomaten

Die Sonne ist hier der Ofen, in dem die Tomaten darren, bis sie halb getrocknet sind. Dazu die Früchte (sehr fein: Kirschtomaten) halbieren, Schnittfläche mit Salz bestreuen. Mit dieser auf ein Backgitter setzen und 1 Stunde abtropfen lassen. Dann mit der Schnittfläche nach oben auf ein olivengeöltes Blech setzen und 5–6 Stunden im 100 Grad heißen Backofen trocknen lassen. Abgekühlt im Glas mit Kräutern und bestem Olivenöl auffüllen.

Grünes Curry

3 Schalotten, 3 cm frischer Ingwer, 2 Knoblauchzehen schälen. 10 kleine grüne Chilis putzen. Alles grob schneiden und mit je 1 Hand voll Koriandergrün und Basilikum, 1 TL gemahlenem Koriander, 3 EL Fischsauce, 3 EL Kokosraspeln und dem Saft sowie der Schale von 2 Limetten pürieren.

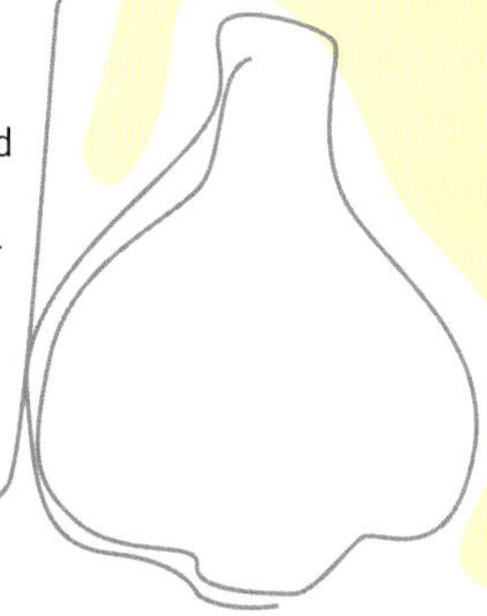

Aprikosensenf

1 Bio-Orange waschen und die Schale abreiben, Saft auspressen. Beides mit 100 g getrockneten Aprikosen und 1/2 TL getrockneten Lavendelblüten 5 Minuten sanft kochen. Mixen und mit je 150 g scharfem und körnigem Senf mischen. In heiß ausgespülte Gläser füllen.

Estragonessig

5 Estragonstängel waschen, in eine Milchflasche geben und mit 1 l bestem Weinessig übergießen. Gut verschlossen 1 Woche in der Küche ziehen lassen, dann in heiß ausgespülte Flasche umfüllen. Nicht im Bild, hier aber trotzdem ein Muss – Brombeeressig mit Balsamico: 500 g Brombeeren mit 50 ml Beerengeist, 1/4 l Aceto balsamico und 1/4 l Rotwein in einer verschlossenen Milchflasche 2 Wochen an einen sonnigen Platz stellen, dann durch ein Tuch filtern, mit 100 g Zucker aufkochen und wie oben in Flaschen abfüllen. Ergibt etwa 700 ml.

Minze-Orangen-Essig

3 Bio-Orangen heiß waschen und dünn abschälen. Den Saft auspressen und mit je 1 TL Fenchelsamen und Zucker zur Hälfte sirupartig einkochen lassen. 3 Minzestängel waschen und mit der Orangenschale in eine Flasche geben. Dann das Ganze mit Orangensirup und 1/2 l gutem Apfel- oder Obstessig auffüllen. Den Essig mindestens 1 Woche in der Küche durchziehen lassen, dann in heiß ausgespülte Flaschen umfüllen.

Würzöl

Ein gutes kalt gepresstes Öl leicht erhitzen und über ganze geröstete Gewürze (Pfeffer, Senf, Chili, Wacholder, Fenchel, Kümmel) und/oder getrocknete Kräuter (ganze Rosmarinnadeln, Lorbeer, Salbei) gießen. Frische Kräuter (Bohnenkraut, Thymian, Oregano, Salbei, Rosmarin, Majoran, Lorbeer), Knoblauch, Chili oder Ingwer werden mit kaltem Öl übergossen. In Flaschen 1 Woche ziehen lassen, dann umfüllen.

Gemüsefond

Für 1 1/2 l werden 4 Möhren und 300 g Knollensellerie geschält und gewürfelt. 1 Stange Lauch putzen und in feine Ringe schneiden, abbrausen. 1 Zwiebel samt Schale waschen, halbieren, die Schnittfläche in der Pfanne bräunen. Möhren, Sellerie und Lauch in 2 EL Öl rösten. 2 l Wasser, 2 gewaschene geachtelte Tomaten, 1 gewaschenes Bund Petersilie, 2 Lorbeerblätter, 1 geschälte Knoblauchzehe und die Zwiebel dazu. Langsam aufkochen und 1 Stunde köcheln lassen. Durchs feine Sieb gießen, heiß in Gläser füllen, und gleich verschließen.

Chilisauce

100 g Zucker mit 100 ml Wasser sirupartig einkochen. 2 TL gewaschene, fein gehackte rote Thai-Chilis und 3 geschälte gehackte Knoblauchzehen und 3 cm geschälten geriebenen Ingwer dazugeben. Aufkochen, abgekühlt mit 150 ml Limettensaft und 50 ml Fischsauce verrühren. In Flaschen füllen.

Mehr ... zur Verwendung und Haltbarkeit der Homemade Basics auf Seite 168.

BBQ-Rub

Für 50 g mischen: je 1 EL edelsüßes Paprikapulver und braunen Zucker, je 1 TL Salz und Zitronenpfeffer sowie je 1/2 TL Knoblauchsalz, schwarzen Pfeffer und gerebelten Thymian, 1/4 TL Cayennepfeffer und 1 zerriebenes Lorbeerblatt.

Mango-Chutney

1 kg Mangos schälen, Fruchtfleisch würfeln. Mit 2 TL Salz 30 Minuten ziehen lassen. 8 getrocknete Chilis rösten, mörsern. 5 Knoblauchzehen und 40 g Ingwer schälen, würfeln, in 5 EL Öl mit 2 TL Kurkuma rösten. Mit 200 ml Obstessig und 200 g braunem Zucker 10 Minuten köcheln, mit Mangos weitere 15–20 Minuten.

Paprika in Öl

Rote Paprikaschoten waschen, putzen und vierteln, dann auf einem Gitter unterm Grill oder im voll aufgeheizten Backofen in 5–8 Minuten weich rösten. Häuten, in Streifen schneiden. Mit Kräutern, Knoblauch und Gewürzen nach Wahl in ein Glas schichten und mit bestem Öl bedecken.

Marmelade

12 Bio-Zitronen heiß waschen, Schale abreiben, die Früchte halbieren und den Saft auspressen. Die Hälften 1 Tag in Wasser einweichen. Abgießen und in feine Streifen schneiden. 1 1/2 kg Zucker mit 1 l Wasser 15 Minuten kochen. Darin alles von der Zitrone 20 Minuten sanft ziehen und 25 Minuten kochen lassen. In Gläser füllen, verschließen, kurz auf den Kopf stellen und abkühlen lassen.

Einmal waschen, putzen, schneiden

Und was ist mit Kochen? Das kommt später dran. Hier geht es erst mal um die Vorbereitung und was ich dazu brauche.

Was ist dem Koch wichtiger als der Kochlöffel? Das Messer. Denn am meisten zu tun ist in der Küche auf dem Brett und nicht am Herd. Bevor der Eintopf bunt, die Möhre gar und das Steak gleichmäßig zart wird, muss erst einmal geputzt, geschält, geschnitten werden. Wer da gut im Training ist, kann eine Menge Zeit und auch Geld sparen. Bestens zum Üben sind erst einmal Gemüse und Früchte – weil sie nicht so teuer sind wie Fleisch und Fisch, und weil sie untereinander so verschieden sind, dass eigentlich jede Putz- und Schnitt-Disziplin mal drankommt. Außerdem: Selbst wenn's Fleisch satt gibt, gibt es immer noch etwas dazu. Weswegen jemand, der Kartoffeln schälen oder Brokkoli putzen kann, bei jedem Essen profitiert.

Waschen

So wie der Friseur immer vor dem Schneiden wäscht, sollten wir an unser Gemüse am besten immer Wasser lassen, bevor das Messer ran darf. Denn sonst geht das Gute aus entkelchten Erdbeeren oder gezupften Petersilienblättern den Abfluss runter. Sitzt der Schmutz allerdings innen wie beim Lauch, wird vorher geschnitten. Bei zarten Kräutern und Beeren vom Bio-Vertrauenshändler oder aus dem Garten lässt man es lieber gleich – schadet nichts, schmeckt viel besser. Ansonsten gilt: duschen statt baden. Was weniger mit dem Erhalten von Wasser als von Aroma- und Nährstoffen zu tun hat, die beim Einweichen schneller verloren gehen als beim Abbrausen im Sieb. Wenn aber bei sehr sandigem Freilandsalat oder erdigem Wurzelgemüse der Dreck so nicht verloren geht, muss doch gebadet werden – zur Not auch mehrmals.

Und was ist mit Fleisch und Fisch? Brausen oder nicht? Gegenfrage: Wäscht jemand Geschnetzeltes oder Hackfleisch ab? Eben. Bei diesen empfindlichen Fleischsorten, macht das keiner, weil es auslaugt und aufweicht. Weswegen auf alle Fälle auch Steaks und Fischfilets trocken bleiben sollten, so lange sie schön frisch sind. Die Ausnahmen: aufgetautes oder in Folie vakuumiertes Fleisch sowie Stücke mit Knochen und ganze Geflügel und Fische (wenn sie nicht blaugekocht werden sollen). Aber dann vor dem Garen sehr gut trockentupfen.

Putzen

Wer jetzt erst mal stutzt, kann sich da oben noch »Gemüse« dazudenken. Bei dem gilt nämlich »Putzen« als Fachausdruck, wenn es ums Schälen, ums Entfernen von Strünken, um das Kappen von Stängeln oder welken Blättern geht – also um alles, was vor dem Zerkleinern oder Kochen im Ganzen nötig ist.

Dazu braucht es als erstes das klassische kleine Küchenmesser, mit dem ich meine Zwiebeln schäle, Erdbeeren entkelche oder Äpfel entkerne. Dann ein richtig großes Messer mit einer Klinge lang und breit genug, um einen Krautkopf zu teilen oder die Petersilie zu hacken, ohne dabei mit der Faust um den Griff aufs Brett zu stoßen. Und schließlich das mittlere Allzweckmesser mit schmalerer Klinge zum Kartoffeln schneiden oder Blumenkohl zerteilen. Ein echtes Muss ist der Pendelschäler für die meisten Rüben und Knollen sowie auch für manche Früchte. Wenn wir das Putzen auf Fleisch und Fisch erweitern, ist noch ein Messer mit starker, dünner Klinge wichtig (der »Ausbeiner«), um Fleisch vom Knochen zu schneiden, und eines mit schmaler, biegbarer Klinge (das »Filetiermesser«), um Fischfilet von den Gräten zu lösen.

Als Basis fürs Putzen und später fürs Schneiden ist ein zeichenblockgroßes und ein bis zwei Finger dickes Brett ideal. Das liegt schön schwer auf der Arbeitsplatte, wobei ein feuchtes Tuch oder ein Stück Anti-Rutschmatte aus dem Teppichladen darunter Extra-Halt gibt. Holzbretter sind oft so dick und schwer, nehmen allerdings gerne Aromen auf und müssen gut und gründlich nachgeschrubbt werden – niemals im Geschirrspüler, bitte. Für stark Aromatisches wie Knoblauch oder Empfindliches wie Früchte ist ein Satz Extra-Bretter aus Kunststoff gut, die keine Gerüche annehmen und so auch keine Aromen abgeben. Sie dürfen außerdem in die Spülmaschine.

Schneiden

Es ist immer wieder ein Abräumer, wenn ein Profikoch zeigt, wie schnell er eine Zwiebel in Würfel schneiden (nicht: hacken!) kann. Aber auch er hat einmal langsam damit angefangen. Das gilt für alle Küchentricks: Lernen kann man sie nur in Ruhe – schnell wird man von alleine. Wichtig ist, zuerst die Grundtechnik fast allen Schneidens zu erkennen: Das Messer wird vor allem geführt und weniger gedrückt. Die einen schieben es dabei von sich weg, während es sich durch eine Hand voll knackiger Spargelstangen senkt, die anderen ziehen es zu sich hin. Dabei entstehen lange, glatte Schnitte, die, einmal im Takt, auch Zucchini schnell in gleichmäßige Stücke teilen.

Um einen gegarten Braten oder ein rohes Fischfilet mit einem glatten Schnitt aufzuschneiden, macht man das Gleiche. Vorher aber müssen Fleisch oder Fisch oft noch ausgelöst (von den Knochen befreit) oder filetiert (von den Gräten befreit) werden. Dabei ist vor allem wichtig, dass die Klinge immer an Knochen und Gräte geführt wird – auch hier eher mit einem beherzten, statt vielen kleinen Schnitten. Wie das genau geht? Und was eigentlich mit der »Kochkralle« ist? Mehr dazu auf den nächsten Seiten.

Die 9 Basic-Supertricks

fürs Vorbereiten von Kräutern, Gemüse, Früchten

Kräuter zerkleinern

1• Beim Hacken umfasst eine Hand den Griff des Messers mit schön breiter Klinge. Die andere Hand hält die Messerspitze fest, so dass die Klinge über die Kräuter geführt werden kann. Diese zwischendurch immer wieder zusammenstreichen.

2• Um Schnittlauch ohne Verlust in Röllchen zu schneiden, zuerst die Spitzen abschneiden und neben die übrigen Halme legen. 3• Nun den Schnittlauch mit der »Kochkralle« halten (mehr dazu beim Zwiebelwürfeln) und gleichmäßig fein schneiden. Die hellen Enden wegwerfen.

Zwiebeln würfeln

1• Und zwar mit Hilfe der »Kochkralle«: Zwiebelhälfte mit allen Fingern gut auf dem Brett festhalten, dabei Fingerspitzen leicht nach innen krümmen. 2• Messerklinge leicht an die Fingerglieder drücken und die Zwiebel immer wieder von der Spitze zum Strunk senkrecht einschneiden (Strunk nicht durchtrennen!), wobei die »Kralle« nach jedem Schnitt etwas weiter wandert. 3• Jetzt zwei- bis dreimal waagrecht bis fast zum Strunk einschneiden. 4• Nun die Zwiebel quer zum Strunk hin fein würfeln. Wenn nötig, dabei Längs- und Querschnitte vertiefen.

Lauch putzen

1• Vom Lauch die groben dunkelgrünen Enden und welke Außenblätter entfernen. Dann die Stange längs bis kurz vor den Strunk halbieren, so dass sie nicht auseinanderfällt. 2• Nun unter dem kalten Wasserstrahl allen Schmutz gründlich auswaschen, dabei die Blattschichten leicht auffächern. Jetzt kann der Lauch ganz halbiert und geschnitten werden.

Blumenkohl putzen

1• Strunk keilförmig so herausschneiden, dass sich der Kopf in seine Röschen teilt. 2• Die Röschen von den Stielen her zerteilen, so dass sie schöner aussehen.

Paprikaschote würfeln

1• Den Stiel kräftig in die Schote drücken und dann samt den anhängenden weißen Häuten und kleinen Kernchen entfernen. Die Paprikaschote waschen. 2• Nun von der Schote den Deckel und die Spitze möglichst knapp abschneiden, so dass eine »Tonne« übrig bleibt. Deckel und Spitze beiseite legen. 3• Die »Tonne« einmal längs durchschneiden und auseinander rollen, dabei die übrigen Kernchen so gut es geht entfernen. 4• Jetzt das Messer auf der Innenseite der Paprikaschote so entlangführen, dass mit einem Schnitt alles Weiße »abrasiert« wird. 5• Das Fruchtfleisch quer in Streifen schneiden, die Paprikastreifen übereinander legen und quer in Würfel schneiden. Dann die beiseite gelegte Spitze und den Deckel der Schote entsprechend würfeln.

Tomaten reiben

1• Erspart das Häuten: Tomaten halbieren, mit der Schnittfläche grob reiben, bis man fast nur noch die Haut in der Hand hält und das Innere in der Schüssel liegt.

Kohl schneiden

1• Den Kohl mit einem großen Messer vom Strunk her erst halbieren, dann die Hälften erneut halbieren. 2• Von diesen Kohlvierteln nun den Strunk schräg abschneiden, dabei die gröbsten Blattrippen »mitnehmen«. 3• Diese Stücke auf den Strunkanschnitt legen und den Kohl erst gleichmäßig der Länge nach in Streifen, dann quer in Plättchen schneiden.

Orangen schälen

1• »Polkappen« bis aufs Fruchtfleisch abschneiden. Nun die Schale mit dem Messer von einem Pol zum anderen der Wölbung folgend in Streifen abschneiden.

Ananas portionieren

1• Schopf und Stielansatz abschneiden, die Ananas längs vierteln. Strunk längs von jedem Segment herunterschneiden. 2• Jetzt ein Messer zwischen Schale und Fruchtfleisch entlang führen, bis dieses abgelöst ist. 3• Das Fruchtfleisch bis zur Schale in Stücke schneiden und diese versetzt ein wenig über den Schalenrand herausschieben. Geht auch mit Melone.

Die 8 Basic-Supertricks

fürs Vor- und Zubereiten von Fleisch und Fisch

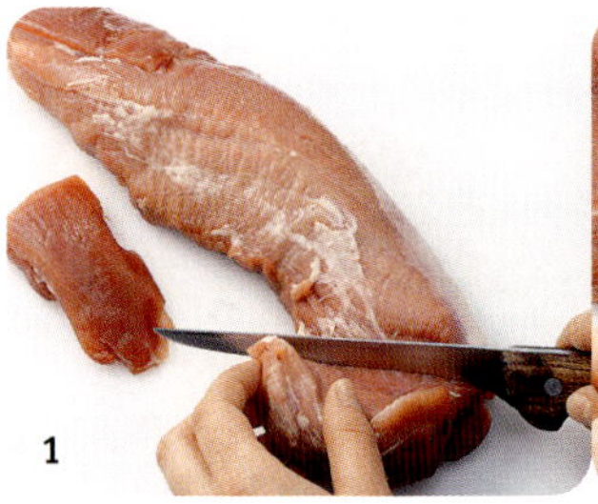

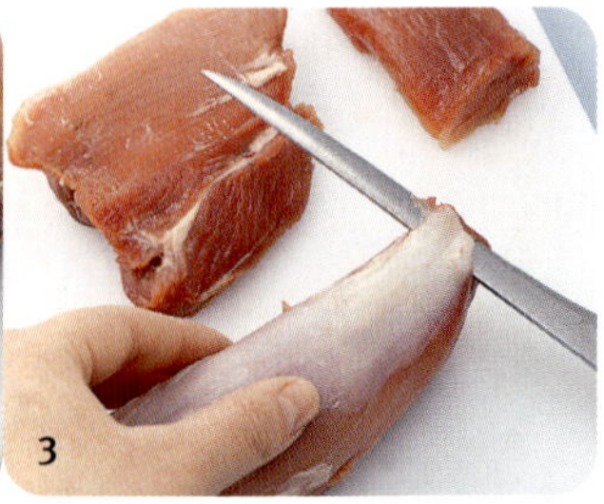

Ein Filet vorbereiten

1• Schmale Filetspitze (hier: Schwein) abschneiden – gut für Geschnetzeltes. Dicken Filetkopf so knapp wie möglich abschneiden – zum Schnetzeln oder für Steaks. 2• Nun vom mittleren Teil die Sehne entfernen: Messer am Kopfende knapp unter der Sehne durchstechen, das Ende lösen. 3• Jetzt das lose Ende fassen, das Messer in die andere Richtung drehen und mit leicht nach oben gewandter Klinge so zum anderen Ende hinführen, dass die Sehne sich sauber vom Fleisch löst. Filet in gleichmäßige Medaillons teilen.

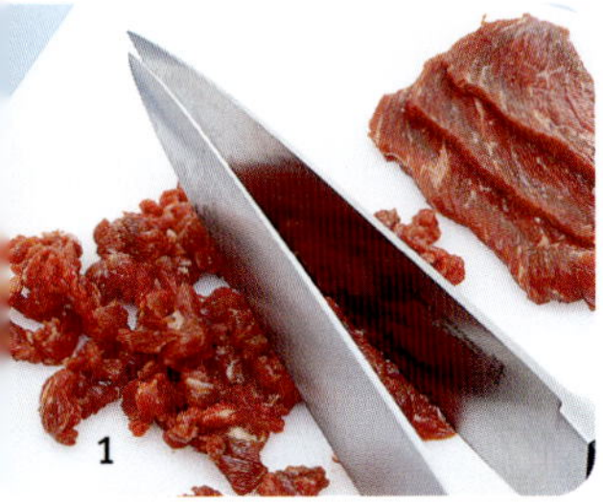

Ein Steak hacken

1• Für frisches Hack wird Bratenfleisch (Hacksteaks) oder Filet (Tatar) geschnitten und dann auf dem Brett mit einem großen Messer in jeder Hand klein gehackt.

Ein Schnitzel klopfen

1• Damit das Schnitzel beim Flachklopfen ganz bleibt, wird es in einen großen Tiefkühlbeutel gesteckt. Dann mit der Hand oder einem Stieltopf gleichmäßig klopfen.

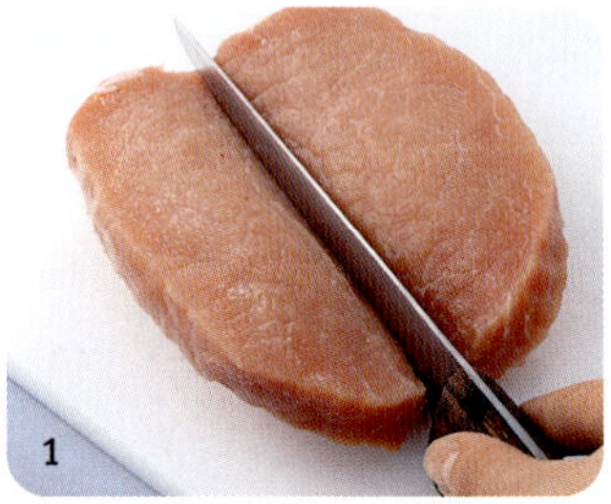

Der Schmetterlingsschnitt

So kann man zu dicke oder kleine Stücke passend machen: 1• Einfach horizontal fast durchschneiden, also einen etwa 1 cm breiten Steg lassen. Aufklappen, fertig.

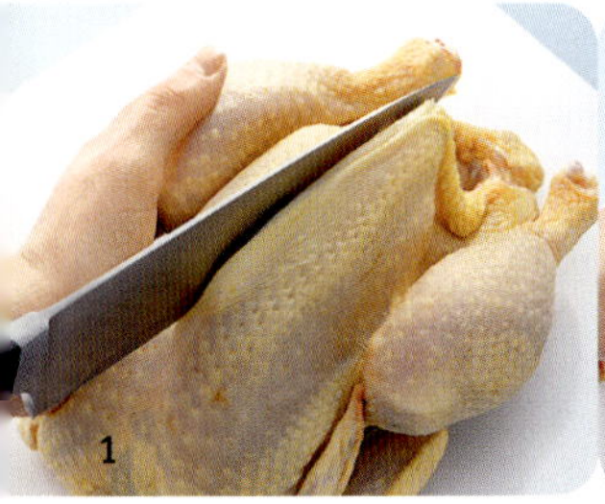

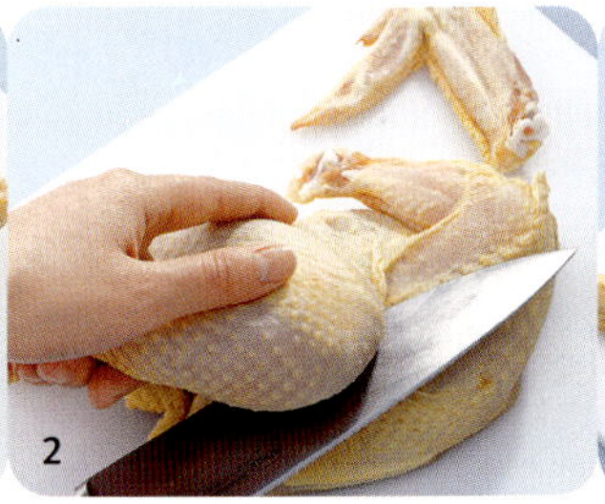

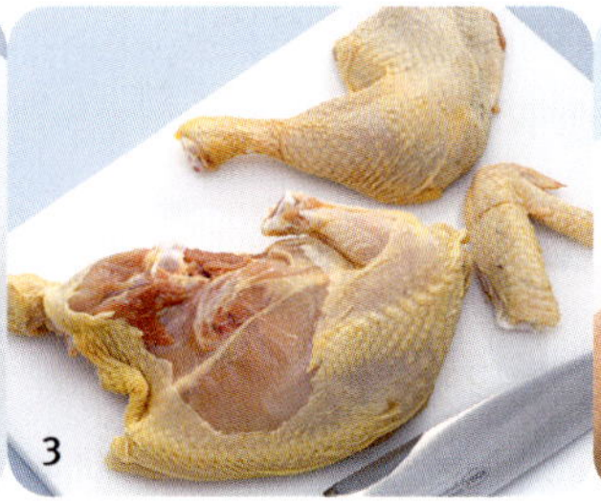

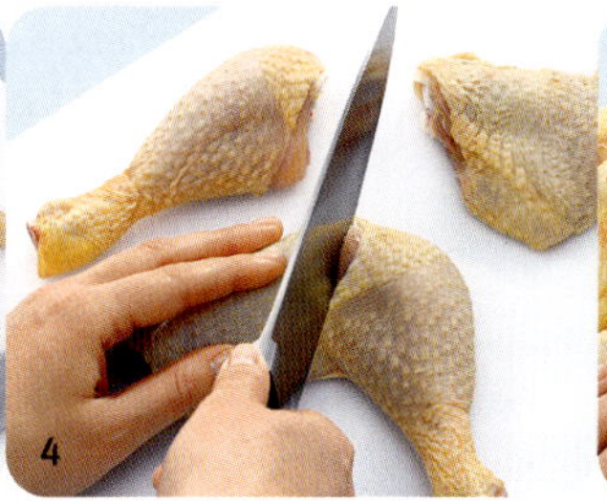

Ein Hähnchen zerteilen

1• Das Hähnchen mit dem Rücken auf ein Kunststoffbrett legen. Dann das Huhn entlang des Brustbeins (schmaler Knochen zwischen den Brüsten) mit einem schweren großen Messer in zwei Hälften teilen. 2• Flügel im Gelenk durchtrennen, abschneiden. Nun das Messer zwischen Oberschenkel und Brustspitze bis zum »Hüftgelenk« führen. 3• Gelenk durchtrennen und den Schenkel von der Brust schneiden. 4• Jetzt das »Knie« im Schenkel ertasten und ihn dort zerteilen. 5• Zuletzt die Brust teilen – einmal beim Flügelgelenk und einmal mittendurch.

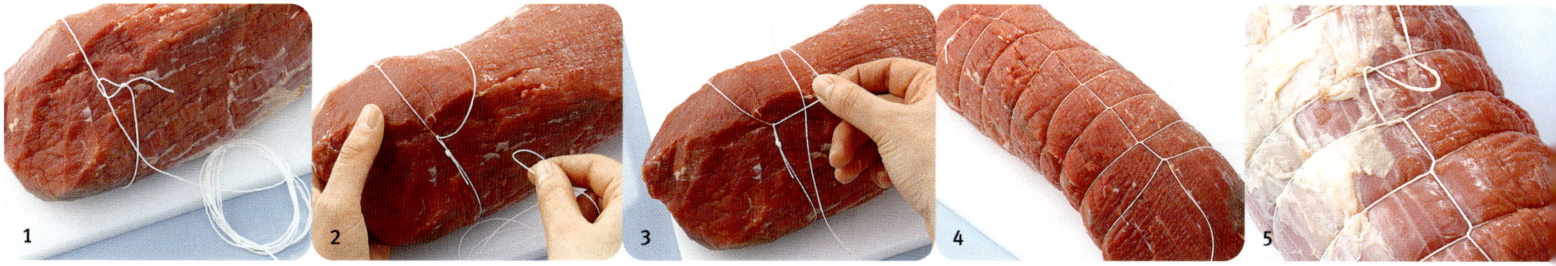

Einen Braten binden

Das Binden bringt und hält Fleischstücke in Form. 1• Dazu erst einmal eine Mini-Schlaufe knoten, durch die das andere Ende des Küchengarns gezogen wird, so dass eine große Schlaufe entsteht. Diese dann ums dickere Ende des Bratens legen (Knoten oben) und festziehen. 2• Das lose Garnstück auf dem Brett locker unter dem Braten durchziehen. 3• Dann oben auf dem Fleisch – etwa zwei Finger breit vom Knoten entfernt – das Garn mit einem Finger gut andrücken und einen kleinen »Steg« bilden. Das lose Garnstück unter dem Steg durchfädeln und eine weitere Schlaufe bilden, fest anziehen. 4• Wie in Punkt 1 und 2 beschrieben fortfahren, bis das andere Ende des Bratens erreicht ist. 5• Zum Schluss das Garn zur Bratenunterseite führen, durch alle Schlaufen ziehen und am anderen Ende festbinden.

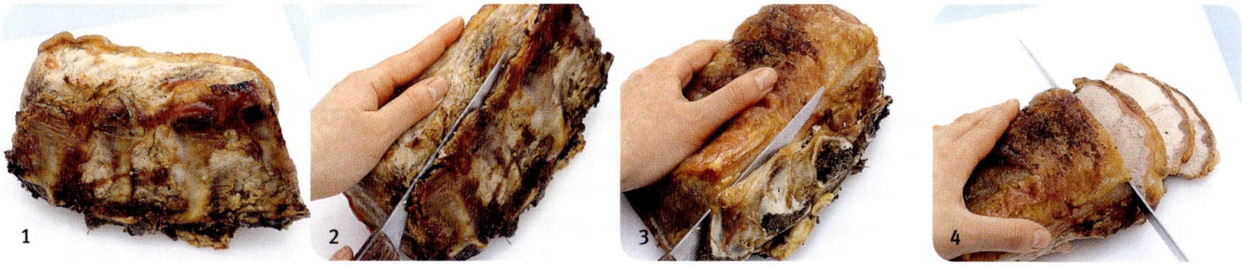

Kotelettstück tranchieren

1• Kotelettbraten (Rücken samt Knochen) mit den Rippen nach oben zeigend aufs Brett legen. 2• Mit der Spitze eines sehr stabilen, schmalen Messers das Fleisch der Länge nach immer weiter von den Rippen lösen, bis man unten auf die kleineren Knochen stößt. 3• Braten nun kippen und auf die langen Rippen legen, jetzt dort das Fleisch mit der Messerspitze nach und nach lösen. Nun den Braten ganz vom Knochen lösen. 4• Braten mit einem langen, schmalen Messer in Scheiben schneiden, dabei lange durchgezogene Schnitte machen, statt kurz zu »sägen«.

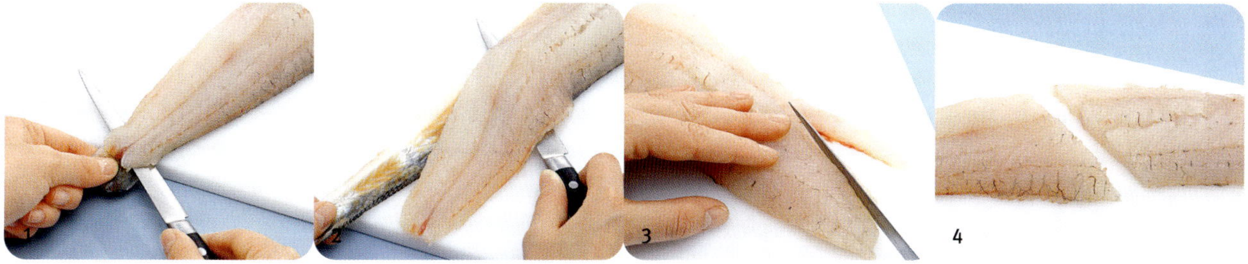

Ein Fischfilet vorbereiten

1• Zum Häuten Filet mit dem schmalen Ende nach links (Linkshänder nach rechts) an die Brettkante legen. Von dieser Seite aus die Haut mit einem dünnen, elastischen Messer etwas lösen. 2• Das Hautende nehmen, die Klinge leicht schräg in Richtung Brett zwischen Fleisch und Haut durchziehen – ohne Absetzen oder Sägen. 3• In den Filets lassen sich oft Grätenreihen durch Drüberstreichen erfühlen. Diese mit schrägen Längsschnitten entfernen. 4• Große Filets mit schrägen Schnitten so teilen, dass die Stücke gleichmäßig dünn werden.

Und jetzt mal mit Geschmack

Damit es schmeckt, braucht es mehr als Gewürze. Und weniger.

Gewürze sind eine Welt, aus der es 1001 Abenteuergeschichten zu erzählen gibt, von den Karawanen im Mittelalter bis zum Urlaub in Marrakesch, wo es auf dem Basar so sagenhaft geduftet und geleuchtet hat vor lauter Safran, Chili, Kardamom. Frisch aus der Mühle und klug kombiniert, können Gewürze gar eine neue Welt in der Küche schaffen. Und doch gibt es Leute, die nur eine Hand voll Standardwürze im Schrank haben, und trotzdem schmeckt es immer toll bei ihnen. Großeltern können solche Leute sein: Sie verlassen sich beim Abschmecken auf Salz (nicht aus dem Meer) und Pfeffer (nicht aus Szechuan), frische Kräuter, eine gute Brühe sowie auf den richtigen Moment beim Würzen. Wir wollen jetzt nicht sagen, dass es zurück zu Omas Küche gehen sollte. Wir meinen nur: Würzen ist mehr als einfach etwas ins oder übers Essen zu streuen.

Kochen ist Würzen

Roh schmeckt eine Möhre knackig, frisch, belebend. Gekocht ist sie weich, warm, beruhigend. Brate ich sie, würze ich mit Röststoffen. Kommt am Anfang Zucker dazu, ist am Ende Karamell dabei. Und Butter gibt dem Geschmack eine Basis. Jetzt kann ich Flüssigkeit dazugießen, die den Aromen mehr Raum gibt und sie zugleich erst in die Möhren und später in alle Mundwinkel dringen lässt. Ist es nicht nur Wasser, kommt neuer Geschmack hinzu – etwa der nach Brühe, Sahne, Wein, Orange. Er wird intensiver, wenn ich alles länger kochen, dünsten, schmoren lasse. Zum Schluss noch Petersilie, Kerbel, Koriander dran – fertig. Wirklich? Nein, denn jetzt könnte man noch pürieren, soufflieren, gratinieren oder mit einem Stück Fleisch kombinieren, damit es jedes Mal anders schmeckt. Ohne dass auch nur ein Gewürz dran ist.

Wie ich gare, hat also Einfluss auf den Geschmack. Gedämpftes schmeckt am pursten, beim Kochen werden Aromen zwar verdünnt, können so aber auch besser ins Gargut gelangen. Beim Dünsten und Schmoren intensiviert sich das noch, so wie das Röstaroma beim Frittieren stärker ist als beim Braten und Grillen. Interessant wird es, wenn man hier kombiniert, also in einem Gericht mit Texturen (weiches Püree trifft auf knusprige Chips) und Temperaturen (ein kalter Klecks saure Sahne in der Hot Chili Soup) spielt.

Man nehme: den richtigen Moment

Lassen wir einfach Beispiele sprechen: Salze ich am Anfang mein Ragout, wird es beim Schmoren schön mit Aroma durchdrungen. Gebe ich aber ans Geschnetzelte beim Braten mein Salz, zieht dies Wasser aus dem Fleisch, das dann in der Pfanne kocht und trocken wird. Wenn Gewürze angeröstet werden, schmecken sie immer besser als ungeröstet – allerdings nur, wenn sie nicht zu lange »im Feuer sind«, da sie sonst bitter werden. Ganze Gewürze kommen oft am Anfang der Zubereitung an ein Gericht, weil sie Zeit brauchen, ihr ganzes Aroma abzugeben. Gemahlenes kommt an kürzer gegarte Gerichte oder wird erst später in eine Speise mit langer Garzeit gerührt. Ähnlich bei Kräutern – robuste wie Lorbeer oder Rosmarin von Anfang an, feine wie Kerbel oder Basilikum ganz am Ende untermischen. Auch Flüssiges wie Sahne (eher später dazugießen) oder Wein (selten zum Schluss) verändern den Geschmack eines Gerichtes je nach dem Zeitpunkt der Zugabe. Aber meine Güte, wie soll ich das denn alles hinkriegen mit der besten Würze zum passenden Gericht im richtigen Moment? Einfach durch ...

Balancieren trainieren

Erst mal ist es wichtig zu wissen, mit was überhaupt balanciert werden soll. Das wären in jedem Fall schon mal die fünf wichtigen Geschmacksrichtungen, die unsere Zunge liebt – salzig, süß, sauer, scharf und bitter. Dazu gesellen sich dann noch Buttriges und das sagenhafte »umami« (Neutrales wie gedämpfter Reis, das andere Aromen hebt), die auf der Zunge ebenfalls eine gewisse Rolle spielen. Stecken nun die klassischen Fünf in einem Gericht, schmeckt dies sicher. Und ganz sicher, wenn dazu alles noch gut kombiniert, also rundum in Balance ist – Schwerpunkt inbegriffen.

Dass es da 1001 Möglickeiten gibt, sollte uns eher freuen als schrecken – das sind nämlich 1001 Möglichkeiten, es besser zu machen. Und das lässt sich vom ersten Moment des Kochens an durch Probieren trainieren. Wie schmeckt die Möhre roh und wie nach ein paar Minuten Dünsten, Schmoren, Braten, wie vor dem Würzen, wie danach, wie heiß, wie kalt? Teste ich das immer wieder, weiß ich bald bei vielem, wie es schmecken soll, kann, könnte. Wenn ich mich daran halte, kann ich balancieren. Und bald auch riskieren und improvisieren.

Von der Welt der Gewürze haben wir jetzt noch gar nicht gesprochen, man könnte ein eigenes Buch darüber schreiben. Was wir vielleicht auch machen. Bis dahin muss die Liste rechts mit den fünf Geschmacksrichtungen plus einer reichen.

6 mal Geschmack

Der Aroma-Baukasten zum Kombinieren – bestückt mit den klassischen fünf Geschmacksrichtungen (auch worin sie alle stecken) plus einem Extra für alles Buttrige.

Was alles SALZIG ist
Kochsalz, Meersalz, Würzsalz; Sojasauce, Austern- und Fischsauce (auch süß), Worcestersauce; Eingelegtes oder Eingesalzenes wie Gurken, Kapern, Oliven, Sardellenfilets (auch sauer); Gepökeltes und/oder Geräuchertes wie Speck, Schinken roh und gekocht, Salami sowie andere Würste und Räucherfische (Aal, Forelle, Lachs, Makrele)

Was alles SAUER ist
Zitronen, Limetten, Orangen, Grapefruits, Mandarinen und deren Verwandte; Äpfel, Ananas, Beeren, Kirschen, Granatäpfel, Kiwis, Mangos, Passionsfrüchte sowie die Säfte davon, Rhabarber; Sauerkraut, Eingelegtes, Essige aller Art, Wein und Spirituosen; Buttermilch, saure Sahne, Crème fraîche, Joghurt und Quark; dazu Sumak (gemahlene, getrocknete Steinfrüchte des Essigbaums)

Was alles SÜSS ist
weißer und brauner Zucker (grob, fein und feinst), Rohr-, Kandis-, Hagel-, Bunt-Zucker; Honige aller Art (Vorsicht, dominant im Geschmack) sowie Sirupe und eingedickte Säfte von Agave, Ahorn, Apfel, Beeren, Birne; Fruchtsäfte von Birne, Traube, Mango sowie all diese Früchte selbst; Gewürze wie Kardamom, Nelken, Vanille, Zimt

Was alles SCHARF ist
Pfeffer (weiß, schwarz, grün, rot, Szechuan, Cayenne), Chilis in allen Größen, Tabasco & Co.; Senf von Düsseldorf (sehr scharf) bis München (süßscharf) oder London (Pulver); Meerrettich, Wasabi, Ingwer; Chutneys, Pickles

Was alles BITTER ist
viele Gewürze, Kaffee, Kakao, dunkle Schokolade, Nüsse und Kerne, Oliven und Olivenöl; fast alle Kräuter, Frisée, Chicorée, Endivie, Radicchio und Gemüse wie Auberginen, Gurken, Rosenkohl – wenn ursprünglich im Aroma

Was alles BUTTRIG ist
Butter, Schmalz, Öl, Sahne (kann Aromen auch ersticken), Eigelb, Speck, Wurst und Schinken; Avocados, Bananen, Nüsse und Kerne, Oliven, in Öl Eingelegtes

Es wird serviert

Das Essen ist fertig! Kann schon mal jemand den Tisch decken?

Den Tisch decken – wer kann das nicht? Messer, Gabel, Teller, Glas, fertig ist der ganze Spaß. Wirklich? Wir wollen jetzt nicht groß von Etikette und Tafelsilber reden, aber eins möchten wir schon mal sagen: Das Allerschönste am Kochen ist das Essen. Erst recht, wenn es auf einen schönen Tisch kommt. Den zeigen wir hier. Nur so zur Sicherheit.

Geschirr-schrank Basics

Geschirrschrank Basics

Gläser
für immer: klein, simpel und robust für einen Schluck Wasser, Saft, Wein oder Milch.

Gläser
für mehr: ein bisschen größer, ein bisschen hübscher, ein bisschen spezieller für einen Longdrink, fürs Bier, fürs Wasser zum Menü oder einfach, weil liebe Gäste da sind (was aber nicht geht: Glasuntersetzer).

Gläser
mit Stiel für Genießer mit Stil – zwei verschiedene sollten es schon sein: einmal lang und schmal für Perlendes und ein Allrounder für den Wein. Da lieber einen kleineren für Weißen und einen größeren für Roten? Perfekt, aber das reicht. Wichtig: für alle Gäste das gleiche Glas.

Gläser
für Liebhabertrinker: orientalische Teetrinker, venezianische Caffètrinker, Brandy-, Whisk(e)y-, Sherry- und So-weiter-Trinker, Alt- wie Weißbiertrinker, Eiswein und Reisweintrinker.

Schön & nebenbei
Das sind alle, die praktischen Sachen, die den Tisch schöner aussehen lassen, ohne dass das Auge mitessen muss (siehe Seite 39). Blumenvasen zum Beispiel, von denen man nie genug haben kann, damit eine passt. Dann helfen vielleicht schöne Flaschen, Dosen oder sonstige Alltagsdinge weiter. Auch immer nett: ein bisschen (!) Stil und Fantasie bei Kerzenleuchter und Brotkorb, Salz und Pfeffer, Essig und Öl auf dem Tisch.

Schalen
Einst kamen sie uns nur zum Frühstück auf den Tisch, um Müsli und Café au lait Halt zu geben. Mit der Asiawelle hat die Schale es bis in die Nachtbar geschafft, wo sie einen mit Wasabinüsschen erwartet. Ihr ist eigentlich alles erlaubt in Form (rund, eckig, oval, schräg, winzig, riesig), Farbe (darf wie die Form auf der Tafel ruhig wechseln, ansonsten ist weiß nie falsch) und Inhalt: Suppe & Sauce; Müsli & Mousse; Nudel & Reis; Eis &Keks; Dip & Drink. Fürs Restehamstern ist sie auch prima. Aber vergesst mir nur den tiefen Teller nicht!

Schüsseln
Jaja, schon klar – manchmal muss es halt schnell gehen und dann kommen eben Topf und Pfanne gleich auf den Tisch; außerdem ist so zum Schluss weniger zu spülen. Geht in Ordnung. Aber wenn ich eh schon Stunden in der Küche stehe, um für meine Leute ein großes Essen zu zaubern, dann ist auch noch Zeit, das Ganze in Schüsseln, auf Platten und in Terrinen zu geben, damit die Gäste sich gleich so richtig »en famille« fühlen am Tisch. Dagegen kommt dann auch der vom feinen Restaurant abgeschaute Tellerservice nicht an, der nämlich ziemlich anstrengend sein kann. Die Basics fürs Essen à la Bankett: Platten für Fleisch, Fisch und Gemüse, Schüsseln für Gemüse, Sattmacher und Salat und die Vorleger dazu (siehe Besteck). Fortgeschrittene Gastfreundinnen und -freunde haben außerdem im Schrank: Suppenschüssel, Saucieren, Käsebrett, Tranchierbrett. Und jetzt wieder alle: einen Bräter und eine Pfanne in aller Schönheit, denn manches (großer Braten, rustikale Steaks) sieht darin serviert dann doch am Allerbesten aus.

Lieblinge
Das sind die Schätzchen, die Einzelstücke, Erbsachen, Selbstgetöpfertes, die mit Erinnerung gefüllten oder aus reiner Schönheit geformten Dinge in meinem Geschirrschrank, die es in keinem anderen der Welt gibt. Wie die drei Kännchen vom Wiener Naschmarkt; wie die Teetasse aus Kyoto; wie der Suppentopf von Oma. Die müssen nicht schön sein, die können sogar stören – aber der Tisch, auf den sie passen, der ist mir der nächste.

Teller
Es hat ja eine Menge Experimente gegeben, manche eher nah am Objekt, aber doch sehr fremd (wir sagen nur:

Krüge & Karaffen

Kommt das Wasser in einem Krug, in einer Karaffe oder in einer schönen Flasche auf den Tisch, wirkt das schon mal sehr gastfreundlich. Beim Wein im Prinzip auch – wenn kein Allerweltsschluck im Glas ist. Denn dann wirkt die Karaffe eher ffig bis zwielichtig. Auch immer was für K & K: Säfte, Shakes, Eistee, Bowlen.

Tassen

Der Klassiker: Kaffeetasse mit Untertasse, am besten aus einem Service und dünnwandig, dann schmeckt's besser. Das gilt vor allem beim Tee – und weniger bei den Solo-Kaffeepötten, die ruhig etwas geschmacklos sein dürfen. Für Fans: Espresso- und Mokkatässchen, Teeschalen, Milchbecher, Sammeltassen.

Besteck

Was haben Besteck und Gläser gemeinsam? Sie kommen mit dem Mund in Berührung. Deswegen müssen sie einen besonders reinen Eindruck machen, weswegen es beim Tischwerkzeug wie beim Glas am besten wirkt, wenn alles aus einer schlichten Linie kommt, statt wie wild aus den Schränken zusammengesucht zu wirken. Zumindest beim Trio Messer, Gabel, Löffel sollte das so sein. Bei den beiden Kleinen – Teelöffel und Kuchengabel – ist etwas Andersartigkeit in Ordnung, allerdings sollte die dann aus einer Serie sein. Feierprofis haben nicht nur einen Besteckssatz für zwölf aufwärts oder gar einen extra feinen für große Anlässe und dazu Spezialzeug vom Buttermesser bis zur Hummerzange, sondern auch noch einen Satz »Vorleger«: größere Löffel und Gabeln zum Aufnehmen von Fleisch und Gemüse, Schöpflöffel. Normales Besteck und schönes Küchengerät tun es aber auch. Immer gerne, leider selten: Espressolöffel.

Kannen

Nachdem die Kaffeemaschine sie fast in den Abgrund gedrängt hat und der Vollautomat ihr jetzt den letzten Schubs geben will, rufen wir: Rettet die Kaffeekanne! Und mit ihr auch Teekanne, Stövchen, Milchkännchen und Zuckerdose. Alles fast vergessene Begriffe, deren Objekte einem auf der Kaffeetafel aber ein Hier-und-jetzt-Gefühl geben, das in keinem Coffeeshop zu haben ist. Die Kaffeekanne steht für Ruhen statt Blubbern und Zeit nehmen statt Rumzischen, ihr behutsam gefilterter Inhalt verträgt sich viel besser mit Kuchen als in Tassen Gepresstes. Und die Thermoskanne? Auch immer noch besser, wenn sie nicht länger als 30 Minuten wärmt.

chwarz, durchsichtig), manche auch nur fremd. Inwischen gilt ein schlichter, runder, weißer Teller vielen vieder als der ideale Rahmen für ein schönes Essen. Gut, am and darf ein wenig gespielt werden mit Form und Farbe, aber nnen hat sich die leuchtend weiße Fläche als die beste Basis für urchscheinende Saucen, zarten Fisch oder bunte Gemüse bewährt. iese Fläche sollte beim großen Essteller nicht so klein sein, dass das ssen sich drängeln muss, und nicht so groß, dass es sich dort verirrt. uch wenn die Schale (siehe oben) viele der Jobs des tiefen Tellers derweil bernommen hat – für Pasta, Eintöpfe oder auch Grießbrei ist der immer och der bessere Ort. Jetzt noch einen Satz kleine Teller für Frühstück, affeetrinken und Nachtisch (oder auch als Untersetzer zur Schale); für rotzeit und Abendbrot finden wir Brettchen aber besser. Fehlt noch was? latzteller, wer's braucht. Butter- und Salatteller, wer's arg braucht. appteller, wer nix braucht. Und der Tipp, heißes Essen am esten auf warme Teller zu legen – gewärmt im Ofen bei 0 Grad oder durch heißes Wasser, das in tiefe Teller egossen wird (zum Beispiel aus dem Nudeltopf).

Kerzen

Farbe: passend zur Deko. Größe: klein genug, um das Gegenüber zu sehen. Duft: keiner! Verwendung: immer am Abend (schmeichelt), am Tag eigentlich nicht (schmeichelt aber auch!).

Tischwäsche

Bei aller Freude an Landhauslook und Trattoriastyle, irgendwann ist es mal gut mit dem Tellergeklapper auf der Holzplanke, dann wollen wir wieder Stoff unterm Teller haben und »Tischwäsche« sagen, ohne dabei tantig zu wirken. 1. Kompromiss: Tischsets, die nicht nach Kindergeburtstag oder Spitzendeckchen aussehen. 2. Kompromiss: Tischläufer in der Tischmitte, auf denen dann auch automatisch Platten statt Pfannen und Terrinen statt Töpfe stehen. 3. Und schließlich: komplette Tischdecke, die entweder fein weiß, beruhigend gemustert oder auch schon mal krass kariert ist. 4. So schlimm, dass es schon wieder gut ist: Wachstuch, bunt.

Die Dinge auf den Tisch bringen

Was beim Tischdecken Blödsinn und was nötig ist. Und warum auch ein Butterbrot ein Empfangskomitee brauchen kann.

Wer die Zeitung beim Essen weglegt und wem es zu blöd ist, in der Kantine vom Tablett zu essen, der hat auch sonst etwas für Mehrwert auf dem Esstisch übrig. Der schätzt das Tischset unterm Teller und will, dass die Kartoffeln in der Schüssel statt im Topf zu ihm kommen. Der mag sein Essen nicht nur, weil es satt macht, sondern zufrieden dazu. Wozu der ordentlich gedeckte Tisch gehört, als Empfangskomitee für gut Gekochtes. Für manche ist der gar das Beste beim Essen: »Ich mach' jetzt mal den Tisch schön, ja?«, ist nämlich die ideale Ausrede, um nicht in die Küche zu müssen. Was schon recht ist – wenn er wirklich schön wird. Ja?

Der Tisch – erst mal Platz machen

Wer gerne isst, hat oft auch den richtigen Tisch dafür. Groß genug für vier, sechs, vielleicht sogar acht Leute, von denen jeder schon mindestens 60 x 40 cm Platz haben sollte – 120 x 80 cm wären also das Minimum für die Tischplatte, 200 x 100 cm ein Optimum. Oder es ist gleich ein runder Tisch mit rund 120 cm Durchmesser, an den immer noch ein paar Leute passen und wo keiner am Eck sitzen muss. Aber egal wie der Tisch ist, wenn er nicht vor dem Essen abgeräumt wird, sieht's nicht gut aus. Also Zeitschriften, Zettelkram oder am Ende gar das Geschirr vom letzten Mahl bitte wegschaffen. Gerade wenn ich alleine esse, denn dann macht es schon ein wenig mehr Spaß. Selbst wenn's nur ein Butterbrot ist.

Die Wäsche – was darunter ist

Ist die Tischplatte schön rustikal, können Teller, Gläser und Besteck ruhig auch so draufgestellt werden. Aber wir finden es selbst dann oft mit einem Set besser, weil das so schön »Mein Platz!« sagt. Bei kalt-harten Flächen wie Glas klappert und scheppert es dann auch nicht so beim Essen. Tischdecken können trutschig sein – aber selbst in diesem Fall zeigen sie den Gästen, dass ihre Gastgeber sich was Besonderes ausgedacht haben. Und komme ich ganz alleine heim und liegt schon eine Decke überm Esstisch, dann fühle ich mich gleich wie mein eigener Gast.

Sie kann auf allen Seiten etwa 20 cm herabhängen, soll sich nicht wie eine Serviette über die Knie legen. Ein weiches Stück Stoff unterm Tischtuch dämpft Geräusche. Servietten werden entweder links unters Besteck gefaltet oder auf die Teller gelegt – von wo sie beim Beginn des Essens auf die Beine kommen. Wer es ganz richtig machen will, tupft sich damit vorm Trinken immer die Lippen ab. Und wer als Gastgeber einen auf ganz fein machen möchte, reicht extra Tücher zum Mundabtupfen. Aber wir wollen es hier mal nicht übertreiben, weswegen wir aus der guten Serviette auch keinen Schwan basteln – zu viele Finger sind da im Spiel.

Und dann – alles nacheinander

So lautet die Regel für Geschirr, Besteck und Gläser bei mehreren Gängen. Den Anfang macht der große Teller fürs Hauptgericht, darauf kann ein kleiner für die Vorspeise oder ein tiefer für die Suppe kommen, wenn es denn keine Suppentasse oder -schale ist. Wer das Essen »à la carte« auf Tellern anrichten will, stellt vielleicht Platzteller auf den Esstisch – was allerdings große Erwartungen weckt! Und wer seinen Salat nicht so gerne mit dem restlichen Essen vermischt, bekommt einen kleinen Teller oder eine Schale links oben hingestellt.

Die unteren Enden des Bestecks und der untere Tellerrand bilden eine Linie, die parallel zur Tischkante verläuft (1–2 cm Abstand). Klingt anstrengend, gibt dem Ganzen aber einen netten Rahmen. Braucht es nur einmal Gabel und Messer, können die rechts vom Teller nebeneinander liegen, meistens aber wird die Gabel links und das Messer rechts von ihm platziert. Der Suppenlöffel kommt rechts vom Messer dazu, der kleine fürs Süße oberhalb des Tellers mit dem Griff nach rechts, die Kuchengabel (wenn der Nachtisch nicht nur zum Löffeln ist) mit dem Griff nach links. Und wenn noch mehr Gänge geplant sind? Einfach beim Besteck nach außen hin so anbauen, dass man das für die Vorspeise als erstes zu fassen bekommt und sich dann Gang für Gang ins Zentrum vorarbeiten kann. Aber das ist wirklich nur was für große Anlässe, sonst reicht ein Besteck. Asiatische Essstäbchen werden mit der Spitze nach links waagrecht vor den Teller gelegt. Dazu gibt es wie im Asia-Restaurant eine Schale für den Reis, auf den dann das übrige Essen kommt und sich so mit den Stäbchen am besten »reinschaufeln« lässt. Auch bei den Gläsern geht's der Reihe nach. Der rechten Hand am nächsten steht das für den ersten Schluck, wenn es einem nicht schon beim Ankommen in die Hand gedrückt wurde. Nun das nächste – etwa ein Allround-Weinglas. Oder eins für Weißwein, dem ein größeres für den Roten folgt. Das Wasserglas steht oberhalb des Tellers oder links oben vom Teller (auf 11 Uhr). Beim Aufbau aber bitte immer dran denken, dass noch Schüsseln, Platten, Brotkörbe kommen können. Und übrigens: Bei Flecken auf Gläsern und Besteck reicht es oftmals, den Wasserkocher anzuwerfen, die Sachen kurz in den Dampf zu halten und sie dann mit einem feinen trockenen Tuch zu polieren.

Aber jetzt – ganz was anderes

So, die Klassik haben wir, nun können wir improvisieren – es geht nämlich auch alles ganz anders: Fototapeten als Tischdecken und Bananenblätter als Läufer, Würstchenpappe für Kaviartoast und Cappuccinotassen fürs Schaumsüppchen, Asia-Schalen mit Sandkuchenwürfeln und Opas Likörglas mit Lachstatar. Ob man Salate in Tomatendosen, Sauce in Reagenzgläsern und Suppe in der Nuckelflasche servieren muss, soll jeder selbst entscheiden. Bei zwei Sachen zählen aber eher Stil statt Stimmung: Besteck und Gläser stammen am besten aus einer Hand, da sie mit dem Mund in Berührung kommen und hier eine klare Linie sauberer wirkt – und den restlichen Experimenten einen würdigen Rahmen gibt.

Nun gib Deinen Gästen alles Gute

Und sag' jetzt nicht: »War auch ganz billig!« Sondern: »Ich hab' da mal was vorbereitet.« Vor allem aber: Sei Dein bester Gast.

Wie gut ich wirklich gekocht habe, zeigt sich erst, wenn gegessen wird. Wobei man schon daran drehen kann: Kommt das Essen heiß und zur rechten Zeit auf den Tisch, sieht es dabei auch noch gut aus und können meine Gäste die meiste Zeit mit mir plaudern (statt mich dauernd aus der Küche holen zu müssen), dann werden sie gnädig sein. Und glücklich – denn wer das alles schafft, der kann oft gut kochen und genießt das gerne mit anderen. Das klingt jetzt arg nach Superheldentum? Ach, die fliegen auch nur mit Luft. Hier ein paar Tricks, die Gäste wohlgesonnen macht – bevor es losgeht mit den Rezepten, die glücklich machen.

Menüs mit Stil

Ein Dreigang-Menü geht viel leichter, als man denkt – der Salat dazu wird zur Vorspeise, am Ende ein Stück Schokokuchen von gestern mit Eis vom Kaufmann. Voilà! Wichtig ist, dass alles einen Stil hat, dass also auf einen herrlich filigranen Salat nicht ein wuchtiger Braten folgt. Andererseits ist Abwechslung willkommen, vor allem bei den Zutaten und Zubereitungen. Ist Sahne in der Suppe, kommt sie nicht mehr in die Sauce, und gibt es Räucherlachs zum Einstieg, ist Tafelspitz ein würdiger Nachfolger – Kasseler Rippenspeer nicht.

Salat – nur nicht zu fein

Das Credo für guten Salat: das Dressing basic halten (ein Essig, ein Öl) und die anderen Zutaten nicht zu fein schneiden, damit der Salat nach ihnen schmecken kann. Sind diese Zutaten gut, schmeckt auch der Salat gut. Zartes wird frisch angemacht, Robustes kann länger ziehen, wobei dann nachgewürzt wird. Aber auch ein Nudelsalat kann frisch gemacht werden – zum Beispiel asiatisch mit Reisnudeln, Kräuterblättchen und ohne Öl, so dass die Marinade sofort eindringt. Sind Zutaten oder Dressing warm, zieht das Ganze schneller durch (Tipp für Blitznudelsalate). Da Salate meist von Natur aus schön sind, genügt ein schlichter Rahmen: große, weiße Teller sind immer edel, wenn sie nicht zu voll sind. Originell sind gestürzte Salate: in eine Schale füllen, Teller drauf, wenden und bei Tisch lüften. Auch gut: ein Finish, das warm, knusprig und aromatisch ist. Etwa Speck, Brot oder auch Lachshaut gebraten oder geröstete Kerne.

Suppen – immer was drin

Ganz klar, klare Suppen muss man vorkochen. Cremige Suppen aber, vor allem wenn Gemüse und Sahne mit drin ist, schmecken frisch am besten. Wobei: Ein paar Stunden zuvor können sie ruhig gekocht werden (ohne die Sahne), wenn sie bei Raumtemperatur abkühlen dürfen (der Kühlschrank stiehlt ihr Aroma). Dann vorm Servieren erhitzen, die Sahne frisch dazu (Warmhalten schadet ihr nämlich) und ab damit. Zuvor aber noch eine Garnitur auflegen. Das Sahnehäubchen ist der Klassiker (aufgepeppt mit Kräutern, Gewürzen und Aromen), der inzwischen vom Cappuccino-Häubchen (durch Aufmixen der heißen Cremesuppe mit dem Stabmixer) abgelöst wird. Wie wäre es aber mal mit Kräuterbutter, die sich jeder selbst in den Eintopf rührt? Wer es ein wenig lässiger will, mixt Kräuter mit Öl zur Paste, die nicht gleich Pesto sein muss – Petersilienöl zur Möhrensuppe ist auch was Feines. Das im Wasserglas serviert – sehr schick. Oder im Suppenteller – was so klassisch ist, dass es schon wieder gut ist.

Nudeln – alles aus der Schüssel

»Die Nudeln kleben! Und kalt sind sie auch. Und müssen diese Töpfe immer auf dem Tisch stehen?« Müssen sie nicht. Denn wenn Pasta mit Sauce wie in Italien serviert wird, lösen sich die Probleme von selbst. Wir brauchen dazu eine schöne, große Keramik- oder Porzellanschüssel. Da hinein kommt das Sieb, in das die gegarten Nudeln samt Wasser gegossen werden. Wasser raus aus der Schüssel, Nudeln rein, Sauce dazu plus etwas Parmesan – und mischen. Gleich servieren. Am besten in Tellern, die durch einen Schöpfer Nudelwasser heiß gemacht wurden. So klebt nichts, bleibt alles heiß und sieht gut aus.

Fleisch – der Braten kann warten

Nur Mut zum großen Braten, zu Ragouts und anderen Schmorgerichten! Die machen zwar zunächst Arbeit, aber wenn sie erst im Ofen oder auf dem Herd stehen, muss man nicht mehr viel tun, vor allem wenn's ans Essen geht. Denn dann wird nur noch geschnitten oder gelöffelt, die feine Sauce ist schließlich schon im Topf. Und falls die Gäste sich verspäten, kann alles sogar ein wenig auf sie warten. Ist es dann soweit, fühlen sich die Leute gleich wie daheim, statt verloren in der kurzgebratenen Imbisswelt. Womit wir Steaks nicht verteufeln wollen. Die lassen sich nämlich auch vorbereiten: 1 Minute auf jeder Seite anbraten, zur Seite stellen und wenn die Gäste schließlich eintrudeln, kommen sie in den vorgeheizten Ofen und sind dann sogar zarter als kurz und frisch gebraten. Wird hierbei noch die 80-Grad-Methode genutzt (siehe Seite 128), kann absolut nichts schief gehen. Sauce? Die kann aus dem Bratsatz gekocht werden oder auch kalt dazukommen – als Kräuterbutter, auf Mayo-Basis, als scharfes Chutney.

Und weil wir schon dabei sind, noch ein paar Worte zum Anrichten. Hier gilt wie beim Blumenbinden, dass ungerade Zahlen besser wirken. Bei dem Standard Fleisch+Gemüse+Sattmacher ist das gegeben, die Sauce ist da eher das verbindende Pluszeichen, das man nur zum Teil übers Fleisch gießt. Wird das Fleisch aufgeschnitten wie etwa eine Hähnchenbrust oder ein großes Steak, sehen drei Stücke besser aus als zwei – weil alles zusammen »fünf« ergibt. Genug Algebra? Dann zur Geometrie: Hier geht der Trend weg vom Dreieck (Fleisch vorne, Gemüse rechts und die Kartoffeln links dahinter) hin zum Kreis (Fleisch in der Mitte, Rest drumherum) bzw. zur Asymmetrie (unterstützt durch asiatisch geformtes Geschirr). Auch ein Streben in die Höhe kann gut aussehen, wenn der Turm aus Lammkoteletts, Ofenkartoffeln und Auberginenchips nicht bei der ersten Berührung knickt.

Fisch – leichter aus dem Ofen

Fisch für viele zuzubereiten ist so eine Sache, denn Vorgaren geht da kaum, zugleich wird er schnell trocken und kalt. Fischragouts sind eine Lösung, bei denen die Filets angegart und später in Sauce vollendet werden. Oder wir nehmen den Ofen: Die Filets in Öl wenden und würzen, dann auf dem Blech bei gut 200 Grad ins heiße Rohr schieben. Nach ein paar Minuten ist alles fertig, zudem ist auf dem Herd genug Platz für den ganzen Rest. Auch Pochieren geht so: Filets ölen und würzen, im tiefen Blech bei 120 Grad in den Ofen, aufgekochten Sud dazu, Alufolie drüber ... siehe oben. Die heißen Teller (wichtig beim Fisch) kommen mit aus dem Ofen (2–3 Minuten reichen). Und angerichtet wird Fisch wie Fleisch ... siehe noch weiter oben. Und wer jetzt richtig Lust aufs Kochen und leckere Rezepte hat – bitte einfach umblättern.

Rezepte

Imbiss & Salat

Rettet den Imbiss! Nein, wir meinen natürlich nicht die olle Dönerbude an der Ecke – das hier ist schließlich ein Kochbuch. Aber es gab mal eine Zeit, da reichte man nach dem Frühstück noch was zweites Würzig-warmes und lud »zum Imbiss« ein. Der dann genauso nach Mittag, früh abends oder um Mitternacht sein konnte. Sehr fein! Etwas steif? Och, so ein wenig Stil beim Essen zwischendurch, das ist schon was. Und das lässt sich heute ja auch lockerer halten.

Machen wir also aus dem Kaviar-Canapé einen Avocado-Lachs-Toast und den Strammen Max zum Ricotta-Omelett, servieren wir Gambas in Rosé statt Krabbencocktail – und retten wir den Salat gleich mit; vergessen also alle Putenstreifen dieser Welt und streuen dafür Entenbrust übers Grün, mischen Brot statt Nudeln und lassen den Kartoffelsalat mal richtig schön knuspern statt schlotzen. So fein kann es in keinem Imbiss sein.

Rettet den Imbiss: Ein wenig Stil beim Essen zwischendurch, das ist schon was.

Das Imbiss-Quiz

Welcher Imbiss kommt aus welchem Land? Und was ist das eigentlich?

1. Bulgogi	☐ Holland
2. Tod man plooh	☐ Österreich
3. Socca	☐ Ungarn
4. Burnhaidl	☐ Portugal
5. Langos	☐ Italien
6. Prego	☐ Thailand
7. Panzanella	☐ Deutschland
8. Garnalensla	☐ Korea
9. Lewwerkneep	☐ Frankreich

1. Bulgogi aus Korea: mariniertes Rindfleisch, auf der heißen Platte gegrillt | 2. Tod man plooh: thailändische Fischküchlein | 3. Socca: Kichererbsenpfannkuchen aus Nizza und Umgebung | 4. Burnhaidl: Wurst vom Wiener Standl | 5. Langos aus Ungarn: frittierte Teigfladen mit viel Knoblauch | 6. Prego: Brötchen mit dünnem Rindersteak aus Portugal | 7. Panzanella: toskanischer Brotsalat | 8. Garnalensla: Krabbensalat aus Holland | 9. Lewwerknepp: pfälzische Leberknödel

Der letzte Pfiff

Sauce à la Pollock

Was der abstrakte US-Maler Jackson Pollock einst auf Riesenleinwänden berühmt gemacht hat, ist inzwischen auch auf den Tellern vieler Starköche angekommen: Tropfen, Kleckse und Schlieren, die sich wildromantisch übers weite Weiß rund um ein mehr oder weniger kunstvolles Gebilde verteilen, das dann aber auf jeden Fall wie eine Kunstwerk aussieht – wenn man's richtig macht.

Dazu ist ein großer, weißer Teller wichtig – am besten ohne erhabenen Rand (sonst sieht die Kunst nach Kleckern aus) und nicht unbedingt kreisrund. Das Essen wird zentral angerichtet, wobei strenge Symmetrie hier zu perfekt wirkt. Leichte Turmbildung ist erlaubt bis erwünscht, weil so mehr Platz fürs »Pollocken« ist.

Und hierfür wiederum eignet sich intensiv Sirupartiges oder pastös Flüssiges wie dunkle aromatische Essige, eingekocht mit Zucker oder verrührt mit etwas Honig. Oder gute Öle gemixt mit Senf, Ketchup, Miso-Paste (aus Sojabohnen, Sojasauce würde sich nicht vermischen), Kräutern, Pürees aus Gemüsen und Früchten. Das mit dem Mokkalöffel oder besser noch mit dem Pinsel oder gar mit einer Einwegspritze auf den Essteller klecksen, tröpfeln und schlieren. Wobei gilt: Weniger ist mehr und Übung macht den Meister.

Anpfiff: die Tellerränder mit Paprikapulver, Petersilie, Kakaopulver oder Puderzucker bestreuen. Das ist noch nicht mal mehr retro, sondern nur noch ohne Sinn und Geschmack.

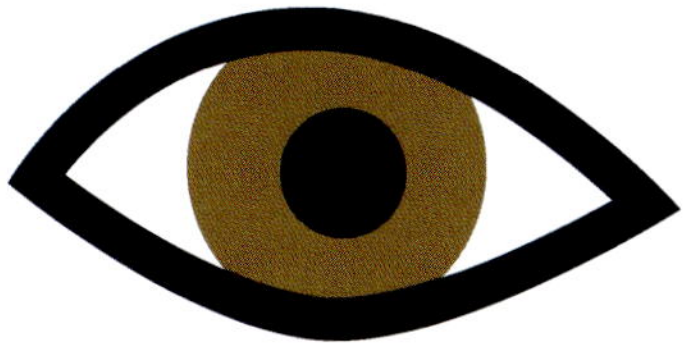

Tante Ilse über

»Das Auge isst mit«

Es gibt Redewendungen, die hat man irgendwann geschluckt. Vergisst dabei, dass »Das macht Sinn.« eine eher sinnfreie Übersetzung von »that makes sense« ist. Vergibt also, dass »wie die Faust aufs Auge« für viele heute »perfekt in der Passform« heißt, obwohl da gar nichts passt. Aber da ist ein Spruch, der für mich seit Jahrzehnten jedes Mal aufs Neue ein Schlag ins Gesicht ist: »Das Auge isst mit.«

Wenn der Fernsehkoch Gänseblümchen übers Gulasch streut, kräht die Moderatorin gleich ihr »D. A. i. m.« dazu, bevor irgend jemand unsicher werden kann, ob das nun wirklich so toll ist. Und der Koch nickt dazu und fühlt sich noch mehr als Künstler. Ich aber würde den beiden am liebsten gleich mal Paprika rosenscharf auf die Lider streuen, denn ich stelle mir sofort ein Auge mit Zähnen und Magen vor, das gierig am Tellerrand hockt, um mir meine Petersilie wegzuessen. Nicht lecker.

Metapher? Sorry, aber Essen ist was Aktives und Sehen was Passives, also geht das jetzt nicht zusammen. Außerdem mache ich mir nur was ans Essen, weil es schmeckt. Nicht dem Auge, nicht dem Gaumen, nicht allen fünf Sinnen, sondern – MIR. Denn: Ich bin es, der hier isst. Und wenn's richtig gut ist, schließe ich eh die Augen.

Was mach' ich jetzt mit … … Ingwer?

Einst konnte man am Knoblauch erkennen, wie kulinarisch die Umgebung entwickelt war. Heute zeigt der Ingwer beim Kaufmann, ob die Gegend schon aus dem Gröbsten raus ist. Und auch wenn er inzwischen ein echtes Aroma-Basic ist, bleibt doch gerne eine »Zehe« dieser süßscharfen Wurzel übrig. Was tun damit?

1. Abwarten und Tee trinken – ein haselnussgroßes Stück Ingwer schälen, in feine Scheiben schneiden und 10 Minuten in 200 ml Wasser kochen, das dann so heiß wie möglich getrunken wird. Aaaaah ... yurveda! Schlürft man heute von Bombay bis Hollywood vor dem Frühstück – und alles wird gut.
2. Kocht Ingwer im Stück in Suppe oder Sauce mit, gibt das was Asiatisches.
3. Und auch viel Gesundes. Denn davon hat Ingwer reichlich (gegart wie roh) und hilft so gegen Übelkeit.
4. Wer eine asiatische Ingwerreibe aus Bambus oder Porzellan hat (Baby-Apfelreibe geht auch), kann ihn zu Mus bis Saft machen. Für Dips (Ingwer-Mayo), Marinaden (Fisch, Geflügel), Drinks (Ingwer-Limo), Dressings (Gurkensalat) und um aus Apfelmus oder Vanillesauce gleich Ingwermus oder Ingwersauce zu machen.
5. Auch nicht schlecht: ganz feine Ingwerstreifen kurz und sanft in Öl erhitzen, abkühlen und durchziehen lassen – prima zum Ansetzen von Wokgerichten.

Was heißt denn … …mazerieren?

Gäbe es eine »Mazerade«, wäre sie die tüttelige Schwester der Marinade, welche durchaus ernste Zwecke in ihrem würzigsauren Flüssigsein verfolgt – nämlich Fleisch zart, Gemüse pikant oder Fisch haltbar zu machen. Tante Mazerade will nur verweichlichen, gefügig machen, nicht selten mit Likör.

»Aufweichen« ist die deutsche Übersetzung des lateinischen »macerare«, und der Wissenschaftler versteht unter »Mazeration« die Aufweichung von Tierischem oder Pflanzlichem in Flüssigkeit, nicht selten Alkohol. Ein Ziel dabei: Extrakte ziehen. Köche sehen das pragmatischer und sprechen meist von »mazerieren«, wenn sie etwa ein Gläschen Maraschino an den Obstsalat kippen, womit sie aber nicht den Likör fruchtig, sondern die Früchte aromatisch-beschwipst machen wollen. Das ist dann auch in den meisten Fällen gemeint, wenn einer »mazerieren« schreibt – Obst mit etwas Alkohol zu befeuchten, ohne dass dabei Hitze oder Säure die wichtige Rolle spielen. Wer Garnelen in Anislikör legt, darf das von uns aus auch »mazerieren« oder gar »eine Mazerade« nennen.

Frische Kräuterpfann-kuchen

Fingerfood-Zeitreise

Pfannkuchen – manchmal ist das einfach nur ein schlichtes Alltagsessen. Manchmal aber auch Erinnerung an höchste Genüsse der Kindheit: an frisch gemahlenes Getreide, eigenhändig geerntete Wiesenkräuter, duftende Teigrollen voll wildem Aroma. Ob das heute auch noch so gut schmeckt? Janna hat's getestet ...

Zutaten für 4 Personen:
8 Eier (natürlich von glücklichen Legehennen, Größe M)
1/4 l Milch
1/2 TL Salz
300 g Mehl (Type 405 oder z. B. auch mal aus frisch gemahlenem Dinkel)
1 Hand voll gemischte Kräuter (z. B. Schnittlauch, Basilikum, Kresse, Petersilie, Thymian) oder, falls erhältlich, frische Wildkräuter (z. B. Borretsch, Sauerampfer, junger Löwenzahn, Gartenkresse ...)
etwa 100 g Butter

Zubereitungszeit: 30 Minuten
+ 20 Minuten Quellen
Kalorien pro Portion: 630 kcal

1_In einer großen Schüssel Eier, Milch, Salz und das Mehl mit dem Schneebesen schön glatt rühren. Den Teig abgedeckt 20 Minuten quellen lassen.

2_Alle Kräuter waschen, trockenschütteln und fein hacken. Nach der Quellzeit unter den Pfannkuchenteig mischen.

3_Eine beschichtete Pfanne erhitzen. 1 EL Butter darin schmelzen lassen. Dann die Pfanne vom Herd nehmen, 1 Schöpfkelle Teig einfüllen und die Pfanne so drehen, dass der Teig sich gleichmäßig und dünn darin verteilt. Auf die Herdplatte zurück stellen, bei mittlerer Hitze backen, bis die Unterseite leicht gebräunt ist und sich vom Pfannenboden lösen lässt.

4_Den Pfannkuchen wenden und weiterbacken, bis auch die zweite Seite goldbraun ist. Gleich rausnehmen oder noch mal wenden, bis auf beiden Seiten der gewünschte Bräunungsgrad erreicht ist. Aufrollen und mit Pergamentpapier umwickelt essen.

5_Wieder Butter in der Pfanne schmelzen lassen, nach und nach alle Pfannkuchen backen. Pfannenfrisch essen!

TIPP

Wenn's kein Fingerfood sein muss: Die Pfannkuchen mit frisch geriebenem Gouda bestreuen und pikantes Ajvar (scharfe Paprikapaste aus dem Glas) draufklecksen, aufrollen und dann mit Messer und Gabel essen. Oder mit gekochtem Schinken belegt aufrollen.

Brot-Bar-Trio

Dick auftragen, gleich essen – reicht für jeweils 2 große Bauernbrotscheiben. Macht jedem Fastfood Konkurrenz ...

Eier-Peperoni-Kräuter-Creme

2 hart gekochte Eier pellen und in möglichst kleine Würfel schneiden. Mit 1 EL Frischkäse, 100 g saurer Sahne und 1 TL Senf nach Geschmack (scharf, mild oder fruchtig) verrühren. Reichlich ganz fein geschnittene Kräuter (Basilikum, Dill, Schnittlauch) und 4 klein gehackte, eingelegte, milde grüne Peperoni untermischen. Mit Salz und Pfeffer aus der Mühle abschmecken.

Pfeffer-Orangen-Schmalz

1/2 TL gemischte bunte Pfefferkörner im Mörser zerdrücken. 80 g Gänseschmalz (oder anderes Schmalz) mit 1 TL fein abgeriebener Bio-Orangenschale, 1/2 TL Salz und dem zerdrückten Pfeffer gründlich verrühren. Dazu: hauchdünne Salatgurkenscheiben.

Kartoffel-Sardellen-Creme

200 g mehlig kochende Kartoffeln in 20–25 Minuten gar kochen, pellen und mit einer Gabel oder dem Kartoffelstampfer zerdrücken. Mit 3 EL aromatischem Olivenöl glatt rühren. 1 Knoblauchzehe schälen und mit 5–6 fein-säuerlich eingelegten Sardellenfilets (Boquerones) und 1 EL Kapern fein hacken, alles gründlich mit den Kartoffeln mischen. Mit Salz und Pfeffer würzen. Am besten lauwarm auf angeröstetes Brot streichen. Schmeckt aber auch abgekühlt.
Variation: Mit ein paar ganz klein geschnittenen, in Öl eingelegten, halbgetrockneten Tomaten (selbst gemacht, siehe Homemade Basics Seite 14, oder fertig gekauft) verfeinern.

Ricotta-Omelett

Passt immer, schmeckt immer – ob zum Frühstück oder als Mitternachts-Imbiss

Zutaten für 2–3 Personen:
5 Eier (Größe M)
1/2 TL Salz
Pfeffer aus der Mühle
1 Schuss Mineralwasser
2 EL Butter
100 g Ricotta
1 Hauch fein abgeriebene Bio-Zitronenschale (etwa 1/4 TL)
2 EL frisch geriebener Parmesan
4–5 Basilikumblätter

Zubereitungszeit: 30 Minuten
Kalorien pro Portion (bei 2 Personen): 400 kcal

1_Die Eier in eine Schüssel aufschlagen und mit einer Gabel verquirlen, aber bitte nicht zu lange und nicht zu gründlich. Salzen und pfeffern, das Mineralwasser unterschlagen.

2_In einer beschichteten Pfanne 1 EL Butter zerlassen. Eiermasse hineingießen und bei schwacher Hitze ganz langsam stocken lassen. Die Pfanne ab und zu leicht rütteln, damit man merkt, ob die Unterseite schon gebacken ist und sich das Omelett vom Boden lösen lässt.

3_Ricotta in kleine Stücke teilen und aufs ganze Omelett verteilen. Aus der Mühle pfeffern, mit Zitronenschale und Parmesan bestreuen. Omelett mit dem Pfannenwender vorsichtig zur Hälfte zusammenklappen. Restliche Butter in die Pfanne geben, zusammengeklapptes Omelett nun vorsichtig auf die andere Seite »rollen« und in etwa 1 Minute bei immer noch sanfter Hitze fertig backen. Basilikumblätter in sehr feine Streifen schneiden, Omelett damit bestreuen, frisch pfeffern und gleich essen.

TIPPs

Dazu gibt's Brot, und falls noch Zeit dafür ist, einen erfrischenden kleinen Salat, etwa Rucola mit Tomate.
Den Parmesan kann man natürlich auch weglassen, dann schmeckt das Ricotta-Omelett besonders mild und zart.

Steak-Sandwich

Streetfood aus Portugal

Zutaten für 4 Personen:
4 Rindersteaks (je etwa 1/2 cm dünn und etwa 80 g schwer, Hüfte oder Filet)
Pfeffer aus der Mühle
2 Knoblauchzehen
100 ml trockener Weißwein + eventuell noch etwas mehr zum Aufkochen
5 EL Olivenöl
1 Zweig Rosmarin
1 Zwiebel | Salz
1 EL Butter | 4 helle Brötchen

Zubereitungszeit: 20 Minuten + 20 Minuten Marinieren
Kalorien pro Portion: 385 kcal

1_Die Steaks auf einen Teller legen, mit grobem Pfeffer übermahlen. Knoblauch schälen und in Scheibchen schneiden, auf dem Fleisch verteilen. Den Wein kräftig mit 4 EL Öl verquirlen, über die Steaks gießen. Den Rosmarin waschen, trockenschütteln und grob zerteilen, aufs Fleisch legen. Abgedeckt mindestens 20 Minuten durchziehen lassen (oder auch länger, dann aber im Kühlschrank).

2_Die Zwiebel schälen und in feine Ringe schneiden. In einer beschichteten Pfanne das restliche Öl erhitzen. Rosmarin aus der Marinade entfernen, die Steaks etwas abtropfen lassen, Knoblauchscheiben abstreifen und in der Marinade lassen. Das Fleisch in der Pfanne bei starker Hitze scharf anbraten. Nach knapp 1 Minute wenden, salzen. Zweite Seite ebenfalls kräftig anbraten, salzen. Dann die Steaks herausnehmen, auf einen Teller (am besten warm) legen, mit einem Suppenteller abdecken und ziehen lassen.

3_Die Pfanne vom Herd nehmen, kurz abkühlen lassen. Dann die Butter im Bratfett bei kleinerer Hitze zerlassen. Die Zwiebeln dazugeben, braun anbraten, komplette Marinade und eventuell 1 Schuss Wein angießen, 1–2 Minuten brutzeln lassen.

4_Die Brötchen halbieren, untere Hälften mit reichlich Bratensaft beträufeln. Steaks und Zwiebeln darauf legen, frisch pfeffern, zusammenklappen und gleich essen.

TIPP
Die Sandwiches am besten mit Senf und Gurkenscheiben oder mit Gurkenrelish (fertig aus dem Glas) servieren.

Avocado-Lachs-Toast

Einfach fein

Zutaten für 4 Personen:
2 kleine Avocados
4–5 EL Zitronensaft
1 TL scharfer Senf (z. B. Dijon-Senf)
1 TL Meerrettich (aus dem Glas)
2 EL Joghurt
1 EL Kapern
Salz
Pfeffer aus der Mühle
1 Stängel Dill
4 Scheiben Toastbrot
150 g geräucherter Lachs (in Scheiben)

Zubereitungszeit: 15 Minuten
Kalorien pro Portion: 450 kcal

1_Avocados längs halbieren, die Steine herauslösen. Avocadohälften schälen, klein schneiden und gleich mit 3 EL Zitronensaft mischen. Mit einer Gabel zerquetschen und glatt rühren (oder auch pürieren). Senf, Meerrettich und Joghurt unterrühren, die Kapern untermischen. Mit Salz und Pfeffer abschmecken.

2_Dill waschen und trockenschütteln, die Dillspitzen von dem Stängel abzupfen und fein hacken. Die Toastscheiben rösten und mit der Avocadocreme bestreichen. Lachsscheiben darauf legen, mit etwas Zitronensaft beträufeln und mit dem Dill bestreuen. Sofort essen.

TIPP
Eines der unverwüstlichen Lieblings-Blitzgerichte. Nach wie vor entscheidend fürs Gelingen: Reifegrad und Aroma der Avocados! Die müssen auf Druck leicht nachgeben, dürfen auf keinen Fall hart, aber eben auch nicht überreif sein. Ganz besonders toll und leicht nussig schmecken übrigens die kleinen, dunklen, sehr schrumpeligen Sorten (z. B. Hass).

Röstbrote mit Tunfischsalat

Schnell gemacht und leicht zu variieren

Zutaten für 2 Personen:
1 Dose Tunfisch im eigenen Saft (130 g Abtropfgewicht, aus delfinfreundlichem Fang)
1 kleine rote Paprikaschote
1/2 Chilischote
1 Stückchen frischer Ingwer (etwa 1 cm)
2 Schalotten
2 Knoblauchzehen
3–4 frische Minzeblätter (ersatzweise 2 TL TK-Kräuter – nur Minze oder gemischte Kräuter)
2 EL Limetten- oder Zitronensaft
1–2 EL Weißweinessig
Salz
Pfeffer aus der Mühle
4 EL Olivenöl
2 große Scheiben Sauerteigbrot

Zubereitungszeit: 20 Minuten
Kalorien pro Portion: 365 kcal

1_Den Tunfisch abtropfen lassen und in einer Schüssel zerpflücken. Die Paprikaschote waschen, halbieren, Kerne und Trennwände entfernen. Die Schotenhälften noch mal längs halbieren, dann quer in sehr feine Streifen schneiden. Chilischote waschen, putzen, Kerne entfernen, Schote fein hacken (die Hände waschen!!). Ingwer schälen, fein reiben oder hacken. Schalotten und Knoblauch schälen und fein hacken. Minzeblätter waschen, trockentupfen und in feine Streifchen schneiden. Alles mit dem Tunfisch in der Schüssel mischen.

2_Zitrussaft mit Essig, Salz und Pfeffer verquirlen, 3 EL Öl kräftig unterschlagen, abschmecken. Den Salat damit anmachen.

3_Eine beschichtete Pfanne mit übrigem Olivenöl einstreichen und erhitzen. Die Brotscheiben darin von beiden Seiten anrösten, Tunfischsalat darauf häufen.

TIPP

Schmeckt auch prima mit Tomatenwürfeln und reichlich Zwiebeln statt Paprika und Ingwer. Oder mit Petersilie und warmen Kartoffelwürfeln, mit getrockneten Tomaten und Basilikum …

Fleischbällchen in Tomatensauce

Liebling aus der Tapas-Theke

Zutaten für 4–6 Personen:
Für die Tomatensauce:
1 große Dose Tomatenfruchtfleisch (800 g Inhalt)
100 ml aromatischer Rotwein (z. B. ein Merlot)
Salz | Pfeffer aus der Mühle
1 kleine Chilischote
eventuell 1 EL Tomatenmark
Für die Fleischbällchen (etwa 24 Stück):
1 Zwiebel | 1–2 Knoblauchzehen
2 1/2 EL Olivenöl
500 g Rinderhackfleisch
1 Ei (Größe M)
2 TL Salz | Pfeffer aus der Mühle
1 EL edelsüßes Paprikapulver
2 EL gemahlene Mandeln
2 EL Semmelbrösel
1 TL getrockneter Oregano
1 EL Zitronensaft

Zubereitungszeit: 35 Minuten
Kalorien pro Portion (bei 4 Personen): 440 kcal

1_Das Tomatenfruchtfleisch in einen Topf gießen und den Wein unterrühren, salzen, pfeffern. Chilischote waschen, leicht einritzen und hineinlegen. Tomaten erhitzen und im halb zugedeckten Topf 15 Minuten bei geringer Hitze köcheln lassen.

2_Inzwischen für die Fleischbällchen Zwiebel und Knoblauch schälen und fein hacken. 1 EL Öl im Pfännchen erhitzen, beides darin bei geringer Hitze kurz dünsten. Hackfleisch in eine Schüssel geben, Ei dazu, mit dem Salz und reichlich Pfeffer würzen. Paprikapulver, Mandeln, Semmelbrösel und Oregano dazugeben und alles kräftig durchkneten, bis eine schön glatte Mischung entsteht. Dann abgekühlte Zwiebeln und Knoblauch unterkneten.

3_Tomatensauce pikant abschmecken, Chilischote herausnehmen und eventuell Tomatenmark einrühren (falls die Sauce zu flüssig sein sollte).

4_Aus dem Hackfleischteig höchstens tischtennisballgroße Bällchen formen. Übriges Öl in einer beschichteten Pfanne erhitzen. Die Bällchen darin rundum ganz kurz anbraten, dann in die Tomatensauce legen, mit Zitronensaft beträufeln und etwa 15 Minuten bei geringer Hitze garen.

Gambas in Rosé

Nicht billig, dafür sündhaft gut

Zutaten für 2 Personen:
350 g große, rohe Garnelen
(ohne Kopf, aber mit Schale)
4 EL Olivenöl
1/4 l Roséwein + noch 1 Schuss dazu
3 Knoblauchzehen
1 Lorbeerblatt
1/2 TL weiße Pfefferkörner
2–3 EL Zitronensaft
Salz
Pfeffer aus der Mühle

Zubereitungszeit: 40 Minuten
Kalorien pro Portion: 435 kcal

1_Die Garnelen schälen, die Schalen aufheben. Garnelen am Rücken mit einem scharfen Messerchen längs einritzen und den dunklen Darm vorsichtig entfernen. Die Garnelen kurz abbrausen und auf Küchenpapier abtropfen lassen.

2_In einem kleinen Topf 1 EL Olivenöl erhitzen. Garnelenschalen hineingeben, kurz anrösten, dann den Wein angießen.

3_Nun 1 Knoblauchzehe schälen und halbieren, mit Lorbeerblatt und Pfefferkörnern in den Sud geben, 10 Minuten zugedeckt bei mittlerer Hitze köcheln lassen. Dann durch ein feines Sieb abgießen, die Schalen und Gewürze wegwerfen und den Sud bereit stellen.

4_Restlichen Knoblauch schälen und fein reiben oder hacken. In einer Pfanne restliches Olivenöl langsam erhitzen, aber nicht zu heiß werden lassen. Knoblauch darin 1 Minute sanft anbraten. Garnelen dazugeben, sofort den Weinsud angießen. Noch den Schuss frischen Wein und den Zitronensaft dazu, salzen und pfeffern und alles bei mittlerer Hitze 2–3 Minuten garen. Garnelen dabei einmal wenden. Am besten in der Pfanne servieren.

SPEZIAL-VARIANTE (von einem speziellen Freund): Santa-Claus-Gambas

Geschälte rohe Garnelen in Olivenöl mit Knoblauchscheiben anbraten, mit frisch gepresstem Orangensaft ablöschen. Ein Stück Zimtstange, Salz und Pfeffer dazu. 2–3 Minuten köcheln lassen, ganz zum Schluss mit 1 Schuss Whiskey verfeinern.

Bratwurst-Wok

Deftig und exotisch

Zutaten für 4 Personen:
1 kleiner Weiß- oder Spitzkohl (600 g)
4 frische grobe Bratwürste (350 g)
4–5 EL Sonnenblumenöl
1 TL Sesamöl
3 EL Aceto balsamico
3 EL Sojasauce
1–2 kleine getrocknete Chilischoten
3 Knoblauchzehen

Zubereitungszeit: 40 Minuten
Kalorien pro Portion: 420 kcal

1_Äußere und schlappe Kohlblätter entfernen, den Strunk herausschneiden. Die übrigen schön knackigen Kohlblätter vom Kopf ablösen und in breite Streifen schneiden, dabei harte Rippen entfernen. Pelle der Bratwürste mit einem scharfen Messerchen aufschlitzen, das Wurstbrät herauslösen und in kleinere Stücke schneiden.

2_Etwa 2 EL Sonnenblumenöl im Wok gut heiß werden lassen. Wurststücke hineingeben, mit dem Pfannenwender ein bisschen platt drücken und dann bei mittlerer Hitze von beiden Seiten knusprig braten. Wieder herausnehmen und am besten in einem tiefen Teller zugedeckt warm halten.

3_Restliches Sonnenblumenöl im Wok erhitzen, Sesamöl hineinträufeln. Kohlstreifen nach und nach dazugeben, unter Rühren bei mittlerer Hitze anbraten. Dabei angebratenen Kohl an die Seite schieben, frische Streifen in der Mitte anbrutzeln. Mit Essig, Sojasauce und 1 kleinen Tasse Wasser (etwa 1/8 l) ablöschen.

4_Nun die Chilischoten im Mörser zerquetschen, Knoblauch schälen und fein hacken. Beides zum Kraut geben und noch einige Minuten schmoren lassen, bis das Kraut zwar gar, aber auch noch etwas bissfest ist. Gebratene Wurststücke untermischen, heiß aus dem Wok servieren. Dazu schmeckt kräftiges Bauernbrot.

Basic-TIPP

Auch super geeignet für übrig gebliebene, bereits gegarte Brat-oder Grillwürste. Die abgekühlten Würste in dünne Scheibchen schneiden, nur noch mal kurz im Wok erwärmen und anschließend einfach unter das gebratene Kraut mischen. Und wenn Kinder mitessen, einfach die Chilischoten weglassen.

Bauernschmaus mit Oliven

Bestes Reste-Essen aus einer Pfanne

Zutaten für 2 Personen:
2–3 gekochte Pellkartoffeln oder auch Salzkartoffeln (Reste vom Vortag)
50 g gekochter Schinken
1 kleine Zwiebel
1/2 Bund glatte Petersilie
3 EL Sonnenblumenöl
50 g gemischte Oliven (grüne und schwarze, Sorten nach Geschmack)
2 Tomaten
4 Eier (Größe M)
Salz | Pfeffer aus der Mühle

Zubereitungszeit: 25 Minuten
Kalorien pro Portion: 430 kcal

1_Die Kartoffeln eventuell noch pellen, dann würfeln. Schinken in feinen Streifen schneiden. Die Zwiebel schälen, halbieren und in feine Scheibchen schneiden. Die Petersilie waschen, trockenschütteln und fein hacken.

2_In einer großen beschichteten Pfanne das Öl langsam erhitzen, die Kartoffeln kurz anbraten. Zwiebeln und Schinken untermischen, bei mittlerer Hitze etwa 5 Minuten weiterbraten.

3_Inzwischen Oliven entsteinen und klein schneiden. Tomaten waschen und würfeln, dabei den Stielansatz wegschneiden. Die Oliven, die Tomaten und die Petersilie in der Pfanne verteilen.

4_Die Eier verquirlen, mit Salz und Pfeffer würzen. Über die angebratenen Zutaten gießen und die Pfanne so drehen, dass die Eier gleichmäßig darin verteilt werden. Bei geringer Hitze stocken lassen. Frisch pfeffern, aus der Pfanne servieren.

TIPP

Bauernschmaus heißt vor allem auch: alles ist erlaubt! Zum Beispiel können leckere Reste-Ergänzungen sein: frische Paprikastreifen oder Peperoni aus dem Glas, Mozzarella oder Schafkäse, geräucherte Speckstreifen, Mortadella oder Salami ... Alles ganz nach Gusto.
Zünftiger Genuss: der Bauernschmaus direkt auf Brotscheiben serviert!

Wachsweiche Eier in Kräuter-Senf-Sauce

Nur gut mit »glücklichen« Eiern

Zutaten für 2 Personen:
2 EL Butter | 1 1/2 EL Mehl
150 ml heiße Fleischbrühe oder Gemüsefond (aus dem Glas)
150 ml Milch
4 Eier (Größe M) | 1 Bund Schnittlauch
2 TL Dijon-Senf oder mittelscharfer Senf
1/2 TL Zucker
Salz | Pfeffer aus der Mühle

Zubereitungszeit: 15 Minuten
Kalorien pro Portion: 350 kcal

1_Butter in einem Topf zerlassen, Mehl einrühren, mit Brühe oder Fond und Milch aufgießen. Etwa 5 Minuten bei geringer Hitze köcheln lassen, dabei ab und zu kräftig mit dem Schneebesen durchrühren.

2_Inzwischen die Eier, mit lauwarmem Wasser bedeckt, im offenen Topf zum Kochen bringen. 3 Minuten kochen lassen, abgießen, kurz abschrecken. Schnittlauch waschen, trockenschütteln, fein schneiden.

3_Senf und Zucker in die Sauce rühren, mit Salz und Pfeffer würzen. Senfsauce auf vorgewärmte kleine Teller verteilen. Die Eier pellen, in die Sauce legen und alles mit Schnittlauch bestreuen.

Chicken-Tortilla-Wraps

Mal scharf, mal fruchtig-mild

Zutaten für 2 Personen (4 Stück):
200 g Hähnchenbrustfilet
Salz | Pfeffer aus der Mühle
2 EL Zitronensaft | 3–4 EL Öl
2 Frühlingszwiebeln | 1 EL Crème fraîche
2 EL Joghurt | 4 große Salatblätter (z. B. Eisbergsalat, Kopfsalat oder Romana)
4 Weizentortillas (selbst gebacken, siehe TIPP, oder fertig gekauft in der Packung)
2 EL scharfes oder fruchtig-mildes Mango-Chutney (selbst gemacht, siehe Homemade Basics Seite 15, oder fertig gekauft)

Zubereitungszeit: 30 Minuten
Kalorien pro Portion: 615 kcal

1_Hähnchenbrustfilet in feine Streifen schneiden und in eine Schüssel geben. Salzen und pfeffern, mit Zitronensaft und 2 EL Öl begießen und kurz stehen lassen.

2_Inzwischen Frühlingszwiebeln putzen, waschen und schräg in sehr feine Ringe schneiden. Die Crème fraîche mit Joghurt verrühren. Die Salatblätter waschen und gut abtropfen lassen.

3_Eine beschichtete Pfanne erhitzen, das Hähnchenfleisch mit der Marinade hineingeben und unter Rühren bei starker Hitze 2 Minuten braten. Die Frühlingszwiebeln untermischen, 1 Minute weiterbraten. Dann alles raus aus der Pfanne und abgedeckt kurz warm halten.

4_Die Pfanne ausspülen und abtrocknen. (Oder eine zweite beschichtete Pfanne nehmen, falls sich die findet.) Mit übrigem Öl wieder erhitzen, Tortillas nacheinander darin kurz wenden, bis sie weich werden.

5_ Weiche Tortillafladen auf ein Brett legen. Mit Joghurtmischung bestreichen, dann je 1 Salatblatt darauf legen, Hähnchenfleisch darauf verteilen und mit Mango-Chutney würzen. Aufrollen und gleich aus der Hand essen.

TIPP

Und so macht man Tortillafladen selbst: 90 g Mehl mit 1/2 TL Salz in eine Schüssel geben. 50 ml lauwarmes Wasser unter ständigem Rühren dazugießen. Dann so lange kneten, bis der Teig elastisch ist und nicht mehr an den Händen klebt. Zugedeckt 15 Minuten ruhen lassen. Nun den Teig in vier Portionen teilen, auf etwas Mehl zu hauchdünnen runden Fladen ausrollen. In einer beschichteten Pfanne ohne Fett bei mittlerer Hitze von jeder Seite knapp 1 Minute backen. Die Tortillas blähen sich dabei auf, den Teig dann mit dem Pfannenwender vorsichtig glatt drücken. Braune Flecken im Teig sind das Zeichen, dass die Fladen fertig zum Füllen, Aufrollen und Essen sind.

Green duck

Salatteller deluxe – im eleganten Handstreich erfunden von einem Freund ungewöhnlicher Genüsse

Zutaten für 3–4 Personen:
1 kleiner Bataviasalat
1/2 Bund Radieschen
je 1 kleine rote und gelbe Paprikaschote
2 Entenbrustfilets (etwa 600 g)
3 Frühlingszwiebeln
1–2 Knoblauchzehen
2–3 EL neutrales Öl zum Braten
3 EL Sojasauce
1 gestrichener TL »Five-spice-Gewürz« (siehe TIPP)
Für das Dressing:
5–6 EL Weißweinessig
1/4 TL Zucker
Salz | Pfeffer aus der Mühle
6 EL Sonnenblumenöl
1–2 EL Zitronenöl
1 kleines Bund Schnittlauch (ersatzweise auch 2 EL gemischte TK-Kräuter, z. B. italienische Mischung)

Zubereitungszeit: 1 Stunde
Kalorien pro Portion (bei 4 Personen): 625 kcal

1_Den Bataviasalat putzen und waschen, die Blätter im Sieb kräftig rütteln und abtropfen lassen (oder am allerbesten in die Salatschleuder geben). Radieschen waschen, putzen und in feine Scheiben schneiden. Paprikaschoten halbieren, Trennwände und Kerne entfernen. Die Schotenhälften waschen, noch mal längs halbieren und danach quer in hauchfeine Streifchen schneiden.

2_Auf drei bis vier großen flachen Tellern oder Schüsseln die Bataviablätter schön aufhäufen, darauf Radieschenscheiben und Paprikastreifen dekorativ verteilen.

3_Für das Salatdressing den Essig mit Zucker, etwas Salz und Pfeffer verquirlen. Dann nach und nach die beiden Ölsorten unterschlagen. Schnittlauch waschen, trockenschütteln und fein schneiden, untermischen. Das Dressing abschmecken und in einem Schälchen bereit halten.

4_Die Haut samt der dicken weißen Fettschicht von den Entenbrustfilets ablösen und nicht für dieses Rezept verwenden. Das feine Brustfleisch quer zur Faser in dünne Streifen schneiden. Die Frühlingszwiebeln waschen, putzen und schräg in feine Ringe schneiden. Knoblauch schälen und in feine Scheibchen schneiden.

5_In einem Wok oder einer großen beschichteten Pfanne das Öl erhitzen. Entenfleisch portionsweise hineingeben und bei starker Hitze scharf anbraten. Die angebratene Portion jeweils wieder herausschöpfen und unter einem Teller warm halten. Sobald alles Fleisch angebraten ist, alles zusammen zurück in den Wok oder in die Pfanne geben, mit Sojasauce und Five-spice-Mischung würzen. Knoblauch und Frühlingszwiebeln unterrühren und noch ganz kurz mitbraten, bis das Fleisch gar ist.

6_Salatdressing gleichmäßig über die angerichteten Salate löffeln. Gebratene Entenbrustfiletstreifen frisch aus der Pfanne darauf verteilen, sofort servieren.

TIPP

»Five-spice«-Gewürz (Fünf-Gewürze-Mischung) gibt's im Asia-Shop oder gut sortierten Supermarkt fertig zu kaufen. Darin enthalten sind die wichtigsten Gewürze der chinesischen Küche – ein harmonischer Mix aus Sternanis, Zimt, Fenchel, Pfeffer, Nelken.
Wer mag, kann sich die Gewürze auch selbst mahlen und seine ganz eigene, persönliche Mischung zusammenstellen.

Hähnchensalat mit Sellerie und Walnuss

Unkompliziert und lecker

Zutaten für 2 Personen:
1/2 kaltes Brathähnchen (siehe TIPPs)
6 Stangen Staudensellerie
4 EL Walnusskerne
1/2 Bund glatte Petersilie
Für das Dressing:
1 EL gute Mayonnaise
1 EL scharfer Senf (z. B. Dijon-Senf)
2 EL Weißweinessig oder
Balsamico bianco
Salz | Pfeffer aus der Mühle
1 Prise Zucker
4 EL Sonnenblumenöl

Zubereitungszeit: 15 Minuten
Kalorien pro Portion: 670 kcal

1_Das Brathähnchenfleisch von den Knochen ablösen und klein schneiden. Selleriestangen waschen und putzen, ein bisschen vom frischen schönen Grün aufheben. Die Stangen in feine Scheiben schneiden. Hähnchenfleisch und Sellerie in einer Schüssel mischen.

2_Für das Dressing die Mayonnaise mit dem Senf und Essig glatt rühren (das klappt am besten mit einem kleinen Schneebesen). Mit Salz, Pfeffer und dem Zucker würzen, dann das Sonnenblumenöl unterschlagen. Nochmals würzig abschmecken und das Dressing über den Salat gießen, mischen, kurz ziehen lassen.

3_Die Walnusskerne mit einem großen Messer grob hacken. Petersilie waschen und trockenschütteln, Blättchen abzupfen und fein hacken. Selleriegrün ebenfalls fein schneiden. Jeweils die Hälfte von den Nüssen und dem Grün unter den Salat mischen, den Rest dekorativ aufstreuen und den Salat servieren.

TIPPs

Mal schnell an ein fertiges Brat- oder Grillhähnchen rankommen? Gibt's sicher bei fast jedem irgendwo an einer Bude oder um die Ecke zu kaufen. Aber möglichst doch nicht gerade das billigste der Billighühner nehmen!
Auch dieser Salat schmeckt besonders frisch, wenn man 1 EL Sonnenblumenöl durch Zitronen- oder Limettenöl ersetzt.

Brotsalat mit Mozzarella und Tomaten

Geniale Resteverwertung – den Italienern abgeschaut

Zutaten für 4 Personen:
200 g trockenes Weißbrot (mindestens vom Vortag, etwa 1 kleines Ciabatta oder 1/2 Stange Parisienne oder Baguette)
150 g Mini-Mozzarellakugeln
10 Kirsch- oder Mini-Eiertomaten
10 in Öl eingelegte, getrocknete Tomaten (selbst gemacht, siehe Homemade Basic Seite 14, oder fertig gekauft)
2 Knoblauchzehen | 3 EL Weißweinessig oder Balsamico bianco
Salz | Pfeffer aus der Mühle
6 EL Olivenöl | 1 EL Kapern
1 Hand voll Basilikumblätter

Zubereitungszeit: 20 Minuten
+ 30 Minuten Marinieren
Kalorien pro Portion: 415 kcal

1_Das Brot würfeln und in eine Schüssel geben. Den Mozzarella abtropfen lassen, halbieren. Die Kirsch- oder Eiertomaten waschen und halbieren. Getrocknete Tomaten abtropfen lassen, das Würzöl auffangen und beiseite stellen, Tomaten in Streifen schneiden. Alle Tomaten und Mozzarella unter das Brot mischen.

2_Knoblauchzehen schälen, fein hacken. Mit dem Essig verrühren, salzen, pfeffern. Aufgefangenes Würzöl und das Olivenöl unterschlagen, abschmecken.

3_Salat mit der Sauce begießen, mischen und etwa 30 Minuten ziehen lassen. Dann die Kapern untermischen, die Basilikumblätter fein schneiden und aufstreuen.

VARIANTE: Brotsalat mit Chilimelonen

Beim Kneipenbummel an einem Hochsommerabend aufgegabelt und für gut befunden: 2 kleine Melonenhälften (verschiedenfarbige Sorten) schälen, entkernen, in Häppchenstücke schneiden. 2 EL Zitronensaft mit 1 im Mörser zerdrückten, getrockneten Chili und 2 EL Öl verrühren. Die Melone darin marinieren, kalt stellen. Gut gekühlt unter den Brotsalat mischen. Nach Geschmack noch süß-scharfe Chilisauce (Homemade Basics Seite 15 oder Asia-Shop) dazu servieren.

Knusper-kartoffelsalat

Geht auch mit Bratkartoffeln aus gekochten Kartoffeln – die müssen aber wirklich frisch und knusprig sein!

Zutaten für 2 Personen:
4 fest kochende Kartoffeln (gut 400 g)
etwa 1/8 l Olivenöl | 1 rote Zwiebel
1/2 Bund Schnittlauch
1/2 Bund glatte Petersilie
4 Mini-Eiertomaten
Salz | Pfeffer aus der Mühle
3–4 EL Aceto balsamico (besonders praktisch dafür: aus der Sprühflasche)

Zubereitungszeit: 30 Minuten
Kalorien pro Portion: 235 kcal

1_Die Kartoffeln waschen, schälen und in möglichst feine Scheiben schneiden. In einer großen Pfanne das Öl richtig heiß werden lassen. (Test: Ein paar Tröpfchen Wasser reinschnipsen, wenn's gleich schön zischt, ist es soweit.) Inzwischen Zwiebel schälen, halbieren, in Streifen schneiden. Kräuter waschen, trockenschütteln und fein schneiden. Tomaten waschen und in Scheiben schneiden.

2_Eine Lage Kartoffelscheiben ins heiße Öl geben, etwa 2 Minuten braten, dabei die Scheiben ab und zu im Öl bewegen. Kartoffeln mit dem Schaumlöffel herausnehmen (Öl dabei so gut wie möglich in die Pfanne ablaufen lassen) und auf Küchenpapier abtropfen lassen. Weitere Lagen Kartoffelscheiben ebenso braten, herausnehmen und abtropfen lassen. Dann alle Kartoffeln noch ein zweites Mal ins Öl geben und in 1–2 Minuten knusprig fertig braten. Wieder auf Küchenpapier abtropfen lassen. Dann auf einer (vorgewärmten) Platte oder zwei großen Tellern ausbreiten, salzen und pfeffern.

3_Die knusprigen, warmen Kartoffeln kräftig mit Aceto balsamico beträufeln (noch besser: besprühen!). Die Zwiebeln und Kräuter darüber streuen, Tomatenscheibchen darauf verteilen. Eventuell nochmals salzen, auf jeden Fall frisch aus der Mühle pfeffern und gleich essen.

TIPP

Vorm Servieren die warmen Kartoffelscheiben noch mit kleinen Stückchen frischem Ziegenkäse bestreuen. Auch sehr lecker dazu: Roastbeefscheiben.

Gazpacho-Salat

Für Hochsommertage und für das BBQ-Buffet

Zutaten für 4 Personen:
je 1 kleine rote, grüne und gelbe Paprikaschote (etwa 300 g)
1/2 Salatgurke
1/8 l Tomatensaft
1 milde weiße Zwiebel oder
1/2 Gemüsezwiebel
2 Knoblauchzehen
3 EL Rotweinessig
Salz | Pfeffer aus der Mühle
1 Spritzer Tabasco
4 EL Olivenöl
1 Stängel Minze

Zubereitungszeit: 20 Minuten
+ 15 Minuten Kühlen und Marinieren
Kalorien pro Portion: 120 kcal

1_Die Paprikaschoten waschen und halbieren. Stiele, Kerne und Trennwände herausschneiden. Die Schotenhälften in sehr schmale Streifen, dann in winzige Würfel schneiden. Alle Paprikawürfelchen in einer Salatschüssel mischen.

2_Die Salatgurke schälen und längs halbieren. Das weiche Fruchtfleisch samt den Kernen mit einem Löffel herauskratzen, fein hacken und mit dem Tomatensaft mischen. Gurkenhälften in Scheibchen, dann in kleine Würfel schneiden. Zwiebel schälen, halbieren, in Scheiben, dann in kleine Würfel schneiden. Die Gurke und die Zwiebel mit den Paprika mischen.

3_Knoblauch schälen, reiben oder durchpressen und zur Tomatensaftmischung geben. Mit Weinessig, 1/4 TL Salz, Pfeffer und Tabasco kräftig verquirlen oder auch pürieren. Dann Olivenöl unterschlagen. 3 Minzeblättchen waschen, trocknen und fein hacken, unter das Dressing mischen. Salat damit anmachen und mindestens 15 Minuten abgedeckt im Kühlschrank durchziehen lassen und kühlen.

4_Vorm Servieren den Salat noch mal abschmecken. Restliche Minzeblättchen waschen, trocknen, in feine Streifen schneiden und über den Salat streuen.

TIPP

Dazu passt Würziges vom Grill oder einfach geröstetes Baguette.

Endiviensalat Winzerart

Schlicht und fein und aus Frankreich mitgebracht

Zutaten für 4 Personen:
1 kleiner Endiviensalat
20 grüne Weintrauben
100 g Gruyère-Käse
3 EL Walnusskerne
1 EL Dijon-Senf
1 Prise Zucker
Salz | Pfeffer aus der Mühle
4–5 EL bester Weißweinessig
7–8 EL feines kalt gepresstes Öl

Zubereitungszeit: 25 Minuten
Kalorien pro Portion: 345 kcal

1_Äußere Blätter vom Salat entfernen, den Rest zerpflücken, gründlich waschen und abtropfen lassen (perfekt: Salatschleuder!). Die Blätter klein zupfen oder in Streifen schneiden und in eine große schöne Salatschüssel geben.

2_Die Weintrauben waschen, halbieren und die Kerne herauslösen. Käse in feine Scheibchen schneiden oder hobeln, die Walnusskerne grob hacken. Käse, Weintrauben und Walnusskerne locker unter die Salatblättern mischen.

3_Für das Dressing den Senf mit Zucker, Salz, Pfeffer und Essig verquirlen. Dann nach und nach das Öl unterschlagen und alles glatt rühren, abschmecken.

4_Kurz vorm Servieren das Dressing über den Salat gießen und beides gründlich miteinander vermischen.

TIPPs

Dazu gibt's natürlich: ein herrlich knuspriges französisches Weißbrot (Baguette, Flute).
Ein Hauch von Walnuss-, Mohn- oder Arganöl passt prima zu diesem Salat. Es reichen aber 1–2 EL, der Rest sollte ein eher neutrales, feines Salatöl sein.

Kartoffel-Kürbis-Salat mit Peperoni

Zum Sattessen oder als Beilage zum Geflügelbraten

Zutaten für 4 Personen:
2–3 mehlig kochende Kartoffeln (etwa 250 g)
Salz
1 Stück Muskatkürbis (500 g, geputzt etwa 300 g)
4 EL Cidre- oder Apfelessig
(weißer) Pfeffer aus der Mühle
4 EL Sonnenblumenöl
2 EL Walnussöl
2 frische, milde grüne Peperoni (notfalls auch eingelegte)
2 EL Pistazienkerne

Zubereitungszeit: 30 Minuten
Kalorien pro Portion: 225 kcal

1_Die Kartoffeln waschen, abbürsten und in einen Topf geben. Mit Salzwasser knapp bedecken, aufkochen und bei mittlerer Hitze in etwa 20 Minuten gar kochen.

2_Inzwischen den Kürbis schälen und die Kerne entfernen. Nur das weiche Kürbisfruchtfleisch grob raspeln.

3_Für das Dressing den Essig mit Salz, Pfeffer und beiden Ölsorten kräftig verquirlen. Die Peperoni waschen, entstielen und in feine Ringe schneiden. Pistazienkerne grob hacken.

4_Den Raspel-Kürbis mit dem Dressing und den Peperoniringen vermischen, kurz ziehen lassen. In der Zeit die Kartoffeln abgießen und etwas abkühlen lassen. Dann noch warm pellen, in kleine Würfel schneiden und vorsichtig unter den Kürbissalat heben. Das Ganze nochmals abschmecken, mit Pistazien bestreuen und servieren.

Spinatsalat mit Apfel und frischem Meerrettich

Zart und kräftig zugleich

Zutaten für 4 Personen:
200 g zarter Blattspinat
2 kleine, feinsäuerliche Äpfel (am besten mit roten Backen, z. B. Elstar)
2 EL Zitronensaft
1 kleines Stück Meerrettichwurzel (für etwa 3 EL grobe Raspel)
3 EL Apfelessig
grober Pfeffer aus der Mühle
4 EL Öl
2 EL Sahne

Zubereitungszeit: 25 Minuten
Kalorien pro Portion: 180 kcal

1_Die Spinatblätter in reichlich Wasser waschen und im Sieb gut abtropfen lassen (oder in der Salatschleuder das Wasser rauswirbeln). Die groben Stiele abtrennen, die Blätter in eine schöne große Salatschüssel geben.

2_Die Äpfel waschen, vierteln und die Kerngehäuse rausschneiden. Apfelviertel in feine Schnitze schneiden und gleich mit dem Zitronensaft beträufeln. Unter die Spinatblätter mischen.

3_Den Meerrettich schälen, waschen, mit Küchenpapier abtrocknen und grob raspeln. 2 EL davon auch gleich unter den Salat mischen.

4_Für das Dressing den Essig mit Pfeffer verrühren, Öl und die Sahne einfließen lassen und mit dem Schneebesen kräftig verquirlen. Über den Salat gießen und alles vorsichtig mischen. Mit restlichem Meerrettich bestreuen. Gleich essen!

TIPPs

Der Spinatsalat schmeckt auch sehr fein als Beilage zu Grillgeflügel, Steak oder Tafelspitz (Seite 124).
Ersatz für frischen Meerrettich: 1–2 TL geriebenen Meerrettich aus Glas oder Tube unter das Salatdressing rühren.

Gebratener Rotkohlsalat mit Chili

Klassiker mit Pep

Zutaten für 4–6 Personen:
1 kleiner oder 1/2 Kopf Rotkohl (knapp 800 g)
1 frische rote Chilischote (oder 2 kleine getrocknete Chilischoten)
5–6 EL Olivenöl
Salz | Pfeffer aus der Mühle
4–5 EL Rotweinessig
1/2 Bund Radieschen

Zubereitungszeit: 30 Minuten
+ Abkühlzeit
Kalorien pro Portion (bei 4 Personen): 170 kcal

1_Den Rotkohl putzen: Dazu die äußeren Blätter entfernen, Kohlkopf vierteln und Strunkteile herausschneiden. Die Viertel nochmals längs halbieren, dann quer in sehr feine Streifen schneiden (langes scharfes Messer nehmen) oder hobeln.

2_Frische Chilischote waschen und längs aufschlitzen, Kerne und Stiel entfernen. Die Schote sehr fein schneiden. (Die getrockneten Chilischoten einfach im Mörser zu Flocken zerdrücken.) In einer großen Pfanne oder im Wok 3 EL Öl mit den Chilis langsam erhitzen, nicht zu heiß werden lassen. Darin portionsweise den Kohl bei mittlerer Hitze unter Rühren 3 Minuten knackig braten, salzen und pfeffern. Dann den Kohl aus der Pfanne nehmen und in eine Schüssel umfüllen.

3_Essig und restliches Öl untermischen, würzen und kurz ziehen lassen, bis der Salat abgekühlt ist. Danach nochmals abschmecken.

4_Radieschen waschen und putzen, in feine Scheibchen schneiden und auf dem Salat verteilen.

TIPPs

Sehr lecker zu Lammbratwürstchen (aus dem Bio-Laden).
Unbedingt probieren: Falls ein richtig toller fruchtiger Essig im Schrank steht (falls nicht: schenken lassen!), z. B. ein edler Brombeeressig, ruhig ein Löffelchen dafür opfern, passt perfekt.

Gurkensalat süß-sauer-scharf

Passt zu fast allem, was würzig-asiatisch aus dem Wok kommt und mit Reis gegessen wird

Zutaten für 4 Personen:
1/8 l Reis- oder Cidre-Essig
1 gehäufter EL brauner Rohrzucker
2 kleine getrocknete Chilischoten
1 Salatgurke | 1 rote Zwiebel

Zubereitungszeit: 10 Minuten
+ Abkühlzeit
Kalorien pro Portion: 35 kcal

1_Essig in einem kleinen Topf mit Zucker verrühren. Chili im Mörser zerreiben und dazugeben. Aufkochen, bei schwacher Hitze 1–2 Minuten köcheln lassen. Vom Herd nehmen und abkühlen lassen.

2_Gurke schälen, längs halbieren und die Kerne mit einem Löffel herausschaben, Gurke in schmale Scheibchen schneiden. Mit der Marinade begießen. Die Zwiebel schälen, halbieren und in feine Spalten schneiden, unter den Salat mischen.

Orangen-Zwiebel-Salat

Echt italienisch

Zutaten für 4 Personen:
2 saftige Orangen | 2 weiße Zwiebeln
1 kleiner Zweig Rosmarin
1–2 EL Weißweinessig | 4 EL Olivenöl
Salz | Pfeffer aus der Mühle

Zubereitungszeit: 15 Minuten
Kalorien pro Portion: 130 kcal

1_Orangen mit einem scharfen Messer so schälen, dass auch die weiße Haut mit entfernt wird. Den dabei ablaufenden Saft in einer Schüssel auffangen. Die Orangen in dünne Scheiben schneiden (den Saft dabei auch wieder auffangen und in die Schüssel gießen). Alle Kerne aus den Orangenscheiben entfernen.

2_Die Zwiebeln schälen und in sehr feine Scheiben schneiden oder hobeln. Mit den Orangenscheiben dekorativ auf einer Platte anrichten. Rosmarin waschen, trockenschütteln und sehr fein hacken.

3_Aufgefangenen Orangensaft mit Essig mischen, Öl kräftig unterschlagen, leicht salzen, Rosmarin unterrühren. Über die Orangen und Zwiebeln gießen, pfeffern.

TIPP

Schmeckt auch gut mit hauchfein aufgeschnittenem Fenchel und Fenchelgrün oder Streifen von schwarzen Oliven.

Chicorée mit Curryrettich

Frisch und frech

Zutaten für 4 Personen:
2 Stauden Chicorée | 4 EL Sahne
2 EL Sonnenblumenöl
2 EL Sesamöl
1 TL mildes Currypulver
1 Stückchen frischer Ingwer (etwa 2 cm)
Salz | Pfeffer aus der Mühle
3 EL Reisessig | 1 Rettich (etwa 400 g)
1 EL schwarze Sesamsamen

Zubereitungszeit: 30 Minuten
Kalorien pro Portion: 160 kcal

1_Die Chicoréestauden putzen: Dafür jeweils den Strunk abschneiden, äußere welke Blätter entfernen. Den Rest der Staude in einzelne Blätter zerlegen, waschen und abtropfen lassen.

2_Die Sahne mit den beiden Ölsorten und dem Currypulver verquirlen. Den Ingwer schälen, fein hacken und untermischen. Mit Salz, Pfeffer und Essig abschmecken.

3_Blätter und den Strunk vom Rettich abschneiden. Rettich mit einem Messer unter fließendem Wasser kräftig abschaben. Grob raspeln und gleich mit der Sauce vermischen. Den Salat im Kühlschrank etwa 10 Minuten durchziehen lassen.

4_Die Sesamsamen in einer Pfanne ohne Fett ganz kurz anrösten, bis sie aromatisch duften. Die Chicoréeblätter wie Schiffchen mit dem Curryrettich füllen, die Sesamsamen aufstreuen. Auf einer großen Platte servieren und sofort essen!

TIPP

Schmeckt auch ohne Einkauf im Asia-Laden – dann einfach nur Sonnenblumenöl nehmen, Zitronensaft statt Reisessig und Petersilie statt Sesamsamen.

im Bild: Piccalilly

Basic:

Einst war Marinieren nur: Konservieren. Denn Zucker, Salz, Öl, Essig machen zunächst mal haltbar. Und geben zweitens – Aroma. Weswegen man heute gerne mariniert.

Schon interessant, dass wir entlang der Geschmacksrichtungen, die unsere Zunge aufnimmt, gleich zu den besten Haltbarmachern für unser Essen kommen. Zucker (süß) konserviert Kompott oder Graved lax, bei dem dazu noch das Salz haltbar macht – ebenso wie beim Einlegen von Oliven oder beim Pökeln von Speck. Auch Saures wie Essig, Zitrussaft, Wein (bei dem noch Alkohol mithilft) ist ein guter Konservierungsstoff, genauso die Schärfe von Chili oder Senf, die Erreger in Schach hält.

Beim Marinieren ändern sich der Geschmack und die Konsistenz des Grundprodukts, was früher ein schöner Nebeneffekt war, heute aber die leckere Hauptsache ist. Manchmal ist's aber zu viel des Guten: Steaks werden durch langes Einlegen in Salz beim Braten trocken, daher sollte es erst in der Pfanne dazukommen. Das gilt noch mehr für Fischfilets, die dazu in Saurem wie Zitrussaft, Essig oder Wein nicht länger als etwa 30 Minuten ziehen sollen. Wichtig ist beim Marinieren, dass alle Geräte und Gefäße sauber sind und dass so wenig Luft wie möglich ans Essen kommt, damit es lange haltbar bleibt. Nun drei Beispiele, wie durch Marinieren ein Imbiss entsteht.

Marinieren

Piccalilly

Konservieren auf Karibisch

Ergibt 2 Litergläser voll (6 Portionen):
2 Salatgurken | 2 rote Paprikaschoten
1 Ananas | 3 Zwiebeln | 250 g Salz
600 ml Obstessig | 100 g Zucker
2 EL gemahlener Ingwer
1 EL Currypulver | 6 EL scharfer Senf

Zubereitungszeit: 30 Minuten
+ über Nacht Kühlen + 15–20 Minuten
Garen + mind. 1 Woche Marinieren
Kalorien pro Glas: 335 kcal

1_Die Gurken waschen, längs vierteln und quer in 1 cm dicke Stücke schneiden. Die Paprika waschen, putzen und in 1 cm große Stücke schneiden. Von der Ananas Schopf und Stiel abschneiden, die Frucht längs achteln. Den festen Kern von den Achteln runterschneiden, das Fleisch von der Schale ablösen und wie die Gurken schneiden. Zwiebeln schälen und würfeln.

2_Alle vorbereiteten Zutaten abwechselnd mit dem Salz in eine Schüssel schichten und über Nacht kühl stellen. Am nächsten Tag in ein Sieb damit und alles gut mit kaltem Wasser abspülen.

3_Das Eingesalzene im Essig mit Zucker, Ingwer und Currypulver in 15–20 Minuten gerade noch bissfest kochen. Senf dazu, noch einmal aufkochen und in heiß ausgespülte Schraubgläsern geben. Gut nach 1 Woche, nach 1 Monat noch viel besser.

Pilze in Öl

Das Olivenöl macht's

Reicht für 1 Literglas:
500 g Pilze (z. B. Champignons, Austern- oder Steinpilze, Shiitake, Pfifferlinge)
1 Bio-Zitrone | 2 Knoblauchzehen
1 Zweig Rosmarin | 2 Chilischoten
1 Bund Petersilie | 1 EL Salz
1/2 l bestes Olivenöl

Zubereitungszeit: 30 Minuten
+ 1 Woche Marinieren
Kalorien pro Glas: 560 kcal

1_Die Pilze gründlich putzen, also die Stiele kürzen (bei den Shiitake ganz entfernen) und die Kappen mit Küchenkrepp sauber wischen. Größere Stücke zerteilen.

2_Zitrone heiß waschen, die Hälfte der Schale dünn abschälen, Saft auspressen. Knoblauch schälen, Rosmarin, Chilis und Petersilie kurz abspülen. Die Petersilienblättchen abzupfen. 1/2 l Wasser mit Salz, Zitronenschale, Knoblauch, Rosmarin, Chilis und Petersilienstängeln 5 Minuten kochen lassen.

3_Nun Pilze und Zitronensaft dazu und das alles noch mal gute 5 Minuten kochen lassen. Die Pilze auf ein Sieb gießen und völlig abkühlen lassen. Dann die kühlen Pilze samt Petersilienblättchen in heiß ausgespülte Schraubgläsern verteilen und völlig mit dem Öl bedecken. Deckel drauf und mindestens 1 Woche ziehen lassen.

Sardinen in Sugo

Statt Dosenhering in Tomate

Reicht für 4–6 Personen:
8 frische ausgenommene Sardinen
Salz | Pfeffer aus der Mühle
Saft von 1/2 Zitrone
1 Bund Suppengrün | 1 Knoblauchzehe
70 ml Olivenöl | 1 TL Tomatenmark
150 g Tomatenstückchen (aus der Dose)
1/8 l trockener Weißwein | 1 Lorbeerblatt

Zubereitungszeit: 35 Minuten
+ 30 Minuten Garen
+ 2 Tage Marinieren
Kalorien pro Portion (bei 4 Personen): 260 kcal

1_Die Sardinen mit Salz, Pfeffer und Zitronensaft sachte einreiben. Suppengrün und Knoblauch putzen und waschen oder schälen, klein würfeln. Olivenöl in einer großen Pfanne auf mittlerer Stufe erhitzen. Fische trockentupfen und auf jeder Seite 5 Minuten braten, nebeneinander in eine flache Schale legen.

2_Die Hitze auf kleine Stufe schalten und Suppengrün in der Pfanne unterm Deckel 5 Minuten dünsten lassen. Nun Knoblauch und Tomatenmark 2 Minuten mitdünsten. Tomaten, Wein und Lorbeerblatt dazu und alles 30 Minuten offen köcheln lassen. Die Sauce salzen und über den Fisch gießen. Abkühlen lassen und Fisch anschließend zugedeckt für 2 Tage in den Kühlschrank stellen. Dann: mit Weißbrot genießen.

Suppe & Eintopf

So, den Imbiss hätten wir jetzt ein bisschen feiner gemacht, nun kommt die Suppe dran – und die mögen wir gerne etwas gröber. Also nix Süppchen mit Schäumchen im Tässchen, sondern richtig was im Topf: Ochsenschwanz, Zwiebeln und Linsen etwa. Wobei da der erste Eindruck täuschen kann. Denn aus dem Schwanz des Ochsen wird eine herrlich klare Delikatesse, die Zwiebeln sind frühlingsfrisch und die Linsen so zart rot, dass aus ihnen schließlich doch noch ein feines »Süppchen« wird.

Aber dann ist Schluss mit putzig und es wird wirklich was auf die Teller gepackt. Denn Fisch und Garnelen, Graupen und Bohnen, Chorizo und Rippchen finden am Ende dieses Kapitels in Gerichten zusammen, die ihren Namen wirklich verdient haben: Eintopf. Klingt fast noch schöner als Imbiss.

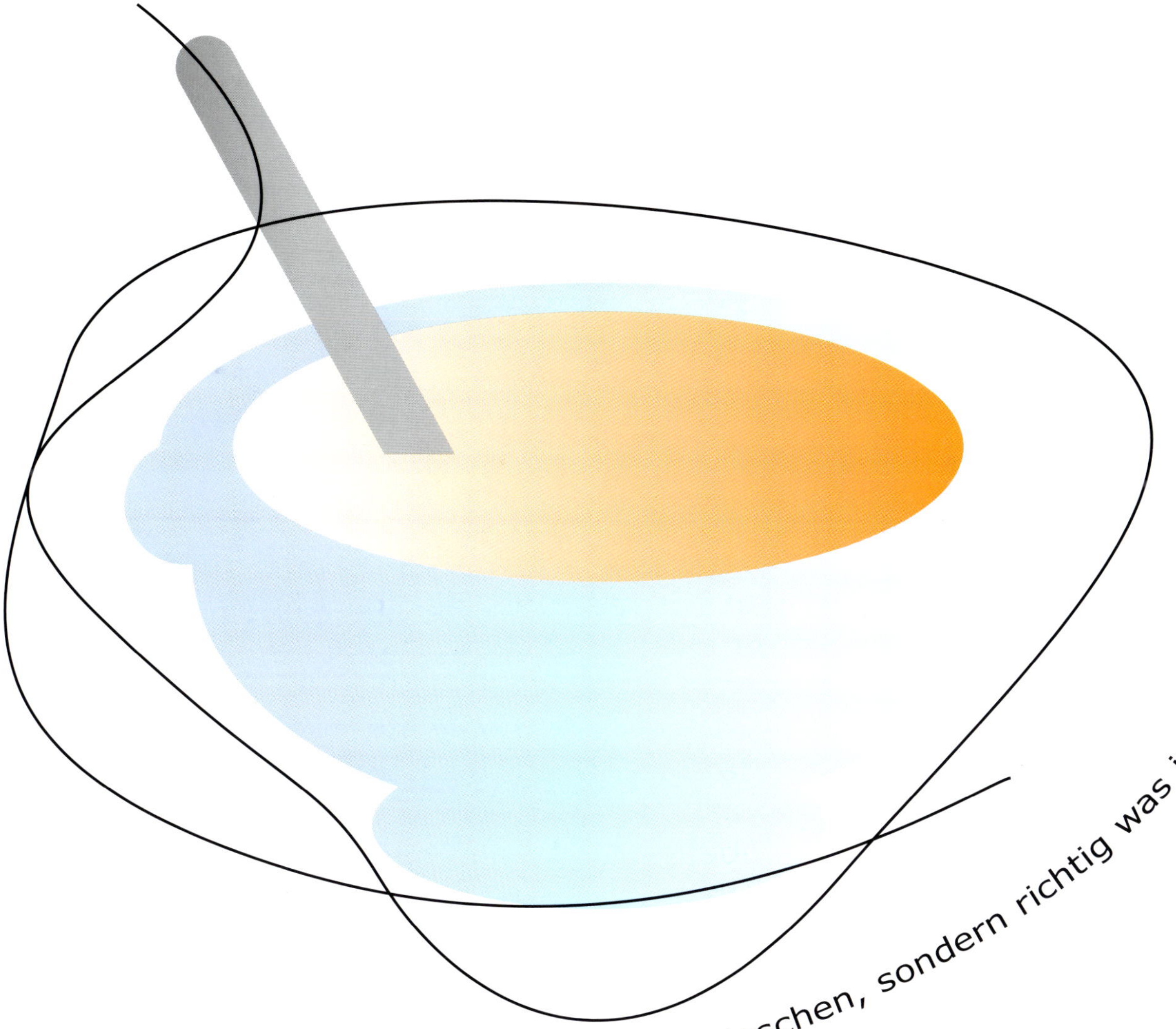

Nix Süppchen mit Schäumchen im Tässchen, sondern richtig was im Topf.

Das Suppen-Quiz

Suppen haben bei Frankreichs Köchen oft feine Nachnamen – was steckt dahinter?

1. Dubarry	▢ Kopfsalat
2. Conti	▢ Gurken
3. Parmentier	▢ Kartoffeln
4. Gauloise	▢ Möhren
5. Choisy	▢ Champignons
6. Doria	▢ Spargel
7. Argenteuil	▢ Linsen
8. Agnès Sorel	▢ Hahnenkämme
9. Crécy	▢ Blumenkohl

Der letzte Pfiff

Fettaugen de luxe

Es gibt da eine ganz wunderbare Methode, aus etwas Fettem etwas sehr Delikates zu machen, das Suppen einfach veredelt. Der erste Schritt ist, etwas sehr delikates Fettes zu kaufen – etwa jungfräuliches Olivenöl, das über eine mediterrane Fischsuppe geträufelt bereits eine Wonne ist, oder ein kräftiges Kürbiskernöl, das einer deftigen Kartoffelsuppe noch mehr Kraft und Aroma verleihen kann.

Nicht ganz so intensive wie eigenwillige Öle lassen sich auch zu Delikatessen aufmixen. Zarte aromatische Kräuter wie Basilikum, Borretsch, Dill, Estragon, Kerbel, Koriander, Kresse, Minze, Petersilie, Sauerampfer oder Schnittlauch können mit diesen zu einer Paste püriert werden, die klaren wie cremigen, feinen wie rustikalen Suppen den Kick geben.

Ebenso können Gewürze (Chili, Curry, Kümmel bzw. Kreuzkümmel, Paprika) oder Nüsse, Kerne und Samen (Erd-, Hasel- oder Walnüsse, Kürbis-, Mandel-, Pinien- oder Pistazienkerne, Sesam- oder Mohnsamen) kurz im Öl geröstet und abgekühlt mit Öl aufgemixt werden, was besonders gut in gebundenen Suppen mit oder ohne Sahne ankommt. Auch toll: Meerrettich, Oliven, Senf, getrocknete Tomaten, Wasabi, Zitrusschalen mit Öl pürieren.

Übrigens: Statt mit Öl geht das auch fast alles mit Butter. Und ein Löffelchen Estragonbutter in der Möhrensuppe, ein Klacks Parmesanbutter in der Tomatencreme oder ein Schlag Kümmelbutter im Kasseler Eintopf sind wirklich leckere Überraschungen.

1. Purée à la Dubarry: Blumenkohlpüreesuppe | 2. Purée à la Conti: Linsenpüreesuppe | 3. Purée Parmentier: Kartoffelpüreesuppe | 4. Consommé à la Gauloise: Kraftbrühe mit Hahnenkämmen | 5. Crème à la Choisy: Rahmsuppe mit Kopfsalat | 6. Velouté à la Doria: gebundene Gurkensuppe | 7. Crème Argenteuil: Rahmsuppe mit Spargel | 8. Crème Agnès Sorel: Champignonrahmsuppe | 9. Purée à la Crécy: Möhrenpüreesuppe

(Quelle: Kochkunstführer, Auguste Escoffiers)

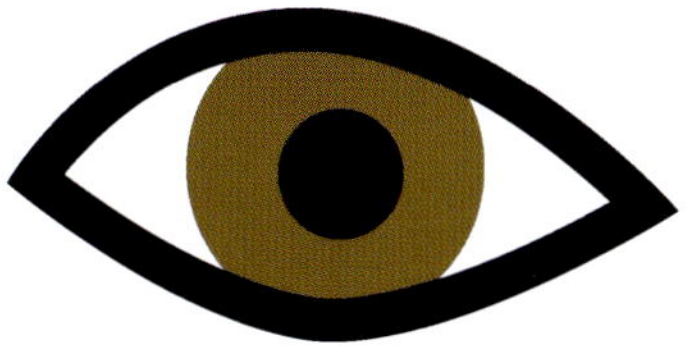

Tante Ilse über

»Eintopfverhältnis«

Jetzt bin ich platt: Eigentlich dachte ich, dass klar ist, was ein »Eintopfverhältnis« ist, aber zur Sicherheit wollte ich erst mal im größten aller Eintöpfe fischen und das Wort googeln – doch he, das gibt's ja gar nicht! Also wenigstens nicht im Internet, zumindest nicht da, wo die mit ihrer Suchschöpfkelle hingehen.

Also, ein Eintopfverhältnis, das ist für mich eine Beziehung, die vor allem ihre praktischen Gründe hat. Weil sie ihm einen Eintopf kocht für das Geld, das er heimbringt. So hat man das früher jedenfalls gesehen, als noch solch scheinbar klare Verhältnisse herrschten und man auch noch mehr Eintöpfe machte. Die gut gekocht aufgewärmt am besten schmeckten, weswegen aus einem gut geführten Eintopfverhältnis durchaus was werden kann. Meistens ist es aber eher das verkochte Ende einer Wenn-überhaupt-Liebe – sie macht ihr Ding, er seins und man trifft sich bei Tisch, weil es bequemer ist.

Ach, was red' ich, kennt eh keiner mehr, wie den Suppenkasper auch. Der kam einst in Heinrich Hofmanns Struwwelpeter um, weil er keine Suppe mochte. Und heute? Heute werden Lokale für Suppenliebhaber nach ihm benannt! Und dann steht da vielleicht noch irgendwo: »Etwas Warmes braucht der Mensch.« Schaut nur mal ins Internet – denn DAS findet sich da auf jeden Fall.

Was mach' ich jetzt mit … … Suppengrün?

Dem Suppengrün vom Supermarkt ist nicht immer zu trauen, vor allem wenn es leicht gummiartig mit einem allgemeinen Grauschleier daherkommt. Dann lieber stattliche Einzelstücke beim Gemüsemann kaufen, die aber selten ganz gebraucht werden. Was tun mit dem Rest von Lauch, Möhre, Sellerie und anderen Wurzeln?

1. Suppengründressing mischen: Alles waschen und putzen oder schälen. Dann in winzig kleine Würfel schneiden, in Öl bissfest dünsten und mit Essig ablöschen. Abschmecken und als Dressing für Salat, Fisch oder Kochfleisch nehmen.
2. Suppengrünsüppchen köcheln: Die Reste wie oben herrichten, aber grob zerteilen. Dann in Butter andünsten und mit Brühe auffüllen. Garkochen, würzen und pürieren. Wer mag, rührt jetzt noch etwas Schlagsahne ein.
3. Suppengrünpüree mixen: Alles wie eben vorbereiten und garen, nur dabei in wenig Brühe dünsten, statt in viel kochen. Dann das Gemüse grob zerstampfen und mit gebräunter Butter servieren.
4. Suppengrüngratin backen: Alles wie oben vorbereiten, dann aber in gleichmäßig dicke Scheiben schneiden und mit gleich dicken Kartoffelscheiben in eine Form schichten. Salzen, pfeffern, knapp mit Sahne bedecken. Im 180 Grad heißen Ofen (Mitte) garen, bis die Oberfläche leicht gebräunt und das Gemüse gar ist.

Was heißt denn … … legieren?

Suppen haben etwas Verbindendes – nach außen wie beim »Eintopfverhältnis«, aber auch von ihrem inneren Wesen her, das von Natur aus ein Bündnis verschiedener Elemente ist: von Flüssigem wie Brühe oder Sahne und von Festem wie Kartoffeln. Die Franzosen nennen solch eine Verbindung auch im Suppentopf ganz romantisch »Liaison«, was auf deutsch eher wissenschaftlich übersetzt wird: Legierung.

Grundsätzlich geht eigentlich jede Suppe beim Binden eine Legierung oder Liaison ein, doch in der Küchensprache ist heute mit dem Legieren meist eine besondere Art von Verschmelzung gemeint – die mit Sahne und Eigelb. Für 1 l fast fertige Suppe werden 150–200 g Sahne mit 2 Eigelben verrührt, dazu kommt ein Schöpfer heiße Suppe, damit beim Einrühren in den Topf nicht gleich alles vor Schreck gerinnt. Dies (das Einrühren) geschieht am Herdrand, dann wird die Suppe erhitzt, aber nicht mehr gekocht, und bindet so alle Zutaten mit einem schönen Glanz und gewissen Schmelz auf der Zunge.

Brokkolicreme mit gerösteten Pinienkernen

Schnell, gesund und lecker

Zutaten für 4 Personen:
500 g Brokkoli
2 Schalotten | 1 EL Butter
1/2 l heiße Gemüsebrühe
Salz | Pfeffer aus der Mühle
frisch geriebene Muskatnuss
1–2 EL Zitronensaft | 2 EL Pinienkerne

Zubereitungszeit: 30 Minuten
Kalorien pro Portion: 100 kcal

1_Das harte Ende vom Brokkolistrunk abschneiden, Brokkoli in kleinere Röschen zerteilen. Die größeren Stiele von den Röschen abtrennen, schälen und in feine Scheiben schneiden. Alles in ein Sieb geben und abbrausen.

2_Schalotten schälen und fein hacken. In einem Topf Butter zerlassen. Schalotten darin kurz andünsten, dann Brokkolistiele und -röschen einrühren, etwa 1 Minute dünsten. Brühe aufgießen, 10 Minuten halb zugedeckt bei geringer Hitze köcheln.

3_Den Topf vom Herd nehmen, Suppe im Topf pürieren. Mit Salz, Pfeffer, Muskat und Zitronensaft abschmecken. Pinienkerne in einer Pfanne ohne Fett ganz kurz anrösten, bis sie duften. Brokkolicreme auf Teller oder Tassen verteilen, Pinienkerne aufstreuen, gleich servieren.

Rotes Linsensüppchen

Ein Hauch von Orient

Zutaten für 4 Personen:
1 Zwiebel | 1 Chilischote | je 2 TL Koriander- und Kreuzkümmelsamen
2 EL Olivenöl | 1 TL Bockshornkleesamen
1 Dose Kokosmilch (400 ml)
200 g rote Linsen | 1 Stückchen frischer Ingwer (etwa 2 cm) | 2 Knoblauchzehen
1 TL gemahlene Kurkuma
1 Dose Kichererbsen (240 g Abtropfgewicht) | Salz | Saft von 1 Zitrone
1 Stängel Minze

Zubereitungszeit: 40 Minuten
Kalorien pro Portion: 420 kcal

1_Die Zwiebel schälen und fein würfeln. Die Chilischote putzen, waschen und fein hacken (dann die Hände waschen!). Den Koriander und Kreuzkümmel im Mörser grob zerstoßen.

2_Nun das Öl in einem Topf erhitzen. Zwiebel und Chili einrühren und kurz anrösten. Bockshornkleesamen, Kreuzkümmel und Koriander mit anrösten. Dann die Kokosmilch und 3/4 l Wasser aufgießen, die Linsen einrühren.

3_Den Ingwer und Knoblauch schälen, fein hacken oder reiben, zusammen mit Kurkuma in die Suppe rühren. Alles etwa 15 Minuten bei mittlerer Hitze köcheln.

4_Die Kichererbsen in ein Sieb geben und abtropfen lassen, unter die Linsensuppe mischen. Noch mal etwa 10 Minuten garen, dann mit Salz und Zitronensaft abschmecken. Minze waschen, trockenschütteln und fein hacken. Das Linsensüppchen damit bestreuen.

Frühlings-zwiebelsuppe

Unkomplizierte Bistroküche

Zutaten für 4 Personen:
2 Bund Frühlingszwiebeln (etwa 400 g)
3 EL Butter | 1/4 l Weißwein | 3/4 l heiße Fleischbrühe | 4 Scheiben Baguette
frisch geriebene Muskatnuss
1 kräftige Prise Cayennepfeffer
Salz | Pfeffer aus der Mühle
4 TL Crème fraîche

Zubereitungszeit: 30 Minuten
Kalorien pro Portion: 210 kcal

1_Die Frühlingszwiebeln waschen, putzen und in feine Ringe schneiden. 2 EL Butter in einem Topf zerlassen und die Zwiebeln darin 2–3 Minuten andünsten. Den Wein und die Brühe angießen, zum Kochen bringen. Alles zugedeckt 10–15 Minuten bei mittlerer Hitze garen.

2_Inzwischen die Baguettescheiben in 1–2 cm große Würfel schneiden. Übrige Butter in einer Pfanne zerlassen, mit Muskat und Cayennepfeffer würzen. Die Brotwürfel einrühren und bei mittlerer Hitze knusprig braten.

3_Zwiebelsuppe salzen, pfeffern und auf Schälchen verteilen. Jeweils einen Klecks Crème fraîche darauf geben, mit Brotwürfeln bestreuen und gleich servieren.

Tomatenkalt-schale mit Chilimelonen

Hochsommergenuss

Zutaten für 4 Personen:
8 aromatische Tomaten (etwa 1 kg)
1 Salatgurke | 2 Zwiebeln | 1 Bio-Zitrone
Salz | Pfeffer aus der Mühle
2 EL mildes Olivenöl
1 kleine Honig- oder Zuckermelone
2 kleine getrocknete Chilischoten
Minzeblättchen (nach Wunsch)
4 EL saure Sahne

Zubereitungszeit: 30 Minuten + Kühlen
Kalorien pro Portion: 140 kcal

1_Die Tomaten kreuzweise einschneiden, kurz in kochendes Wasser tauchen, abschrecken und häuten. Die Stielansätze herausschneiden, Tomaten im Mixer oder mit dem Pürierstab fein pürieren und in eine große Schüssel geben.

2_Gurke schälen, längs halbieren, Kerne herausschaben und die Gurkenhälften klein schneiden. Zwiebeln schälen und grob würfeln. Gurke und Zwiebeln ebenfalls fein pürieren, zum Tomatenpüree in die Schüssel geben und gut mischen.

3_Die Zitrone heiß waschen und die Schale fein abreiben, Saft auspressen. Gemüsepüree mit Salz, Pfeffer, 2–3 EL Zitronensaft und der Zitronenschale abschmecken. Das Olivenöl untermischen und das Püree abgedeckt kalt stellen.

4_Die Melone halbieren, entkernen, in Spalten schneiden, schälen und in kleine Stücke schneiden. Chilischoten im Mörser zerdrücken, mit restlichem Zitronensaft unter die Melone mischen, abgedeckt kalt stellen. Nach Wunsch ein paar Minzeblättchen fein schneiden, untermischen.

5_Alles mehrere Stunden kühlen, am besten auch die Suppenteller. Dann zum Servieren die Suppe in die Teller füllen, mit Melonenstückchen, saurer Sahne und nach Wunsch Minzeblättchen garnieren.

Ochsen-schwanzsuppe

Slow cooking

Zutaten für 6–8 Personen als feine Vorspeise:
1 kg Ochsenschwanzstücke
3 Zwiebeln
1 großes Bund Suppengrün (mit Knollensellerie, Möhren, Lauch und Petersilienwurzel)
2 Knoblauchzehen
3 EL neutrales Öl
2 EL Tomatenmark
300 ml trockener Weißwein
2 Lorbeerblätter
1–2 Zweige frischer Thymian oder
1 TL getrockneter Thymian
1/2 TL Pfefferkörner
Salz
Pfeffer aus der Mühle oder grobkörniger Zitronenpfeffer
Cayennepfeffer (nach Geschmack)
1/8 l mitteltrockener Sherry oder trockener Portwein

Zubereitungszeit: 45 Minuten
+ 2 1/2 Stunden Garen
Kalorien pro Portion (bei 6 Personen): 385 kcal

1_Ochsenschwanzstücke unter fließendem kaltem Wasser waschen, gut abtrocknen. Die Zwiebeln schälen und grob würfeln. Suppengemüse waschen und putzen oder schälen, ebenfalls grob zerteilen. Knoblauch schälen und halbieren.

2_In einem großen und möglichst auch breiten Suppentopf das Öl erhitzen. Die Ochsenschwanzstücke darin von allen Seiten bei starker Hitze kräftig anrösten. Die Zwiebeln untermischen, unter Rühren mitrösten. Danach das zerteilte Gemüse und den Knoblauch untermischen, das Tomatenmark unterrühren. Alles kurz anbraten und dann knapp 2 l heißes Wasser und den Weißwein angießen. Lorbeerblätter, Thymian und Pfefferkörner hineingeben. Den Topf zudecken und alles bei kleinster Hitze 2 1/2 Stunden sanft köcheln lassen.

3_Die Ochsenschwanzstücke mit dem Schaumlöffel aus dem Topf nehmen. Die Brühe durch ein feines Sieb abgießen, wieder in den Topf zurückgeben und kurz neben dem Herd stehen lassen, damit sich das Fett etwas absetzen kann.

4_Inzwischen das weiche Fleisch von den Knochen lösen und klein schneiden. Die Fettschicht der Brühe soweit wie möglich abheben (siehe Basic-TIPP).

5_Vorm Servieren die Brühe zugedeckt wieder erhitzen. Mit Salz, Pfeffer aus der Mühle oder Zitronenpfeffer, Cayennepfeffer und Sherry oder Portwein abschmecken. Fleischstücke in die Suppe geben und nochmals richtig heiß werden lassen, aber nicht mehr kochen. Oder auf Suppenteller verteilen und mit heißer Brühe begießen. Gut dazu: feine Schnittlauchröllchen.

Kinderfreundliche Variante:

Die Suppe ohne Alkohol zubereiten, stattdessen mit Kräutersalz und etwas Zitronensaft abschmecken. Als Suppeneinlage zusätzlich Hörnchen-Nudeln und frische feine Gemüsewürfelchen in der Brühe (nach dem Entfetten) gar kochen, dann erst das Ochsenschwanzfleisch wieder untermischen. So auch prima zum Sattessen geeignet.

Basic-TIPP

Brühe entfetten – eigentlich ganz einfach: Solange die Brühe noch heiß oder warm ist, am besten ein doppelt gelegtes Küchenpapier flach auf die Oberfläche auflegen, Fett damit aufsaugen und das Ganze zwei- bis dreimal wiederholen. Ist die Brühe völlig abgekühlt, setzt sich die Fettschicht deutlich oben ab und kann vorsichtig mit einem großen Löffel abgeschöpft werden.

Feine Gemüsecremesuppe

Kunterbunt gemischt

Zutaten für 6–8 Personen:
1 Stange Lauch | 1 kleine Aubergine
300 g grüne Bohnen | 2–3 Möhren
500 g mehlig kochende Kartoffeln
1 Bund glatte Petersilie | 1 Zwiebel
2–3 Knoblauchzehen | 2 EL Olivenöl
2 EL Tomatenmark oder scharfe Harissa-Paste (aus dem Orient-Shop) | Salz
150 g eingelegte, gehäutete rote Paprikaschoten (selbst gemacht, siehe Homemade Basics Seite 15, oder fertig gekauft) | 3 eingelegte Artischockenherzen (aus dem Glas) | 2 TL edelsüßes Paprikapulver | 1 EL Butter
100 g Sahne | Pfeffer aus der Mühle
frisch geriebene Muskatnuss
2 EL Zitronensaft

Zubereitungszeit: 35 Minuten
+ 40 Minuten Garen
Kalorien pro Portion (bei 6 Personen): 205 kcal

1_Lauch, Aubergine, Bohnen, Möhren und Kartoffeln waschen und putzen oder schälen. Das Gemüse klein schneiden.

2_Petersilie waschen, trockenschütteln und samt Stängeln grob hacken. Zwiebel und Knoblauch schälen, fein würfeln. In einem großen Topf Öl erhitzen, Zwiebel und Knoblauch darin andünsten.

3_Tomatenmark oder Harissa kurz anrösten, dann Gemüse, Kartoffeln und Petersilie untermischen. 3 TL Salz dazugeben, 1 3/4 l heißes Wasser angießen. Alles zum Kochen bringen und etwa 30 Minuten bei geringer Hitze zugedeckt köcheln lassen.

4_Die Paprikaschoten und Artischockenherzen abtropfen lassen, klein schneiden, mit Paprikapulver in den Topf rühren und alles noch 10 Minuten weiterköcheln. Vom Herd nehmen, das Gemüse im Topf mit dem Pürierstab fein pürieren. Butter und Sahne hineingeben, Topf noch mal auf den Herd stellen und die Suppe richtig heiß werden lassen. Mit Pfeffer, Salz, Muskat und Zitronensaft abschmecken.

TIPP

Ein extra Geschmacks-Kick – die Suppe in Schälchen servieren und jeweils mit dünner Zitronenscheibe dekorieren.

Asia-Nudeltopf

Vegetarisch

Zutaten für 4 Personen:
1 Zucchini
2 Stangen Staudensellerie
2 Frühlingszwiebeln | 2 Möhren
1 Stückchen frischer Ingwer (etwa 2 cm)
3 EL neutrales Öl
etwa 2 TL Sojasauce
etwa 3 EL Zitronensaft
1 l heiße Gemüsebrühe
200 g Austernpilze oder Shiitake-Pilze
1 EL Sesamöl
1 TL Wasabipaste (japanischer grüner Meerrettich, aus dem Asia-Shop)
etwa 150 g asiatische Instant-Weizennudeln
1 Hand voll Koriandergrün

Zubereitungszeit: 45 Minuten
Kalorien pro Portion: 285 kcal

1_Die Zucchini, Selleriestangen und Frühlingszwiebeln waschen und putzen, Möhren schälen. Zucchini und Möhren in kleine Würfel schneiden. Sellerie und Frühlingszwiebeln längs halbieren oder vierteln, dann fein aufschneiden.

2_Den Ingwer schälen und fein hacken oder reiben. In einem Suppentopf 2 EL Öl erhitzen, alles Gemüse nach und nach in den Topf geben und kurz anbraten. Gut mischen, mit Ingwer, 2 TL Sojasauce und 2 EL Zitronensaft würzen, dann die Brühe aufgießen. Etwa 10 Minuten bei geringer Hitze zugedeckt köcheln lassen.

3_Inzwischen Pilze putzen und in feine Streifen schneiden. Restliches neutrales Öl mit dem Sesamöl in einer Pfanne erhitzen, Pilze darin unter Rühren 3 Minuten scharf anbraten. Mit 1 EL Zitronensaft beträufeln, zur Seite stellen.

4_Die Gemüsestückchen in der Suppe probieren, sie sollen noch etwas bissfest und nicht zu weich gekocht sein. Wasabipaste mit ein wenig Flüssigkeit aus dem Topf verrühren, in den Topf zurückgeben. Die Suppe abschmecken (Sojasauce und Zitronensaft), dann den Topf auf die Seite ziehen oder den Herd ausschalten.

5_Pilze und Nudeln in die Suppe geben, und zugedeckt noch 3–4 Minuten ziehen lassen, dabei öfter umrühren, damit sich alles gleichmäßig verteilt. Mit Koriandergrün bestreut servieren.

Wirsingtopf mit Chorizo

Spanisch-deutsche Liaison

Zutaten für 4 Personen:
1 kleiner Kopf Wirsing (1 kg)
2 frische weiße Zwiebeln (ersatzweise 1 Gemüsezwiebel)
200 g Chorizo am Stück (spanische Knoblauchwurst, als Ersatz Cabanossi nehmen)
3 EL Olivenöl
3/4 l heiße Gemüse- oder Fleischbrühe
1 Bio-Orange
300 g Möhren
1 Prise gemahlenes Piment
Salz | weißer Pfeffer aus der Mühle

Zubereitungszeit: 40 Minuten
Kalorien pro Portion: 340 kcal

1_Den Wirsingkopf durch den Strunk halbieren, Strunk herausschneiden. Die Blätter ablösen, waschen und abtropfen lassen. Blätter längs halbieren und dann quer in sehr feine Streifen schneiden, etwa 1 Hand voll beiseite legen. Zwiebeln schälen, halbieren und würfeln. Chorizo häuten, in etwa 1/2 cm dicke Scheiben schneiden und dann würfeln.

2_Im großen Suppentopf 2 EL Olivenöl erhitzen, Chorizo darin unter Rühren kurz anbraten, mit dem Schaumlöffel wieder herausnehmen. Zwiebeln im Chorizo-Öl andünsten. Dann restliches Olivenöl und nach und die Wirsingstreifen einrühren und kurz braten. Heiße Brühe angießen, im halb zugedeckten Topf 10 Minuten köcheln lassen, ab und zu umrühren.

3_Orange heiß waschen und die Schale fein abreiben, den Saft auspressen. Die Möhren schälen und grob raspeln, mit Orangensaft und -schale mischen.

4_Wenn der Wirsing gar, aber nicht zu weich ist, den Herd ausschalten. Piment, Chorizo, Orangenmöhren und beiseite gelegte Wirsingstreifen unterrühren, zugedeckt noch 5 Minuten ziehen lassen, nicht mehr kochen. Vorm Servieren mit Salz und Pfeffer abschmecken.

TIPP

Mal probieren: Gegarte Wirsingstreifen unter gebratenen Reis mischen – und ein Löffelchen Currypaste unterrühren, dazu Mango-Chutney reichen (beides selbst gemacht aus dem Homemade-Basics-Vorrat, Seite 14/15). Schnell, einfach, lecker!

Kichererbsen-Garnelen-Curry

Ganz schlicht, ganz schnell und ergreifend gut

Zum Wiedersehenfeiern eine prima Sache – das hat Gabie bei diesem Rezept rausgefunden. Weil jeder was zu tun hat und man dabei richtig gut ratschen kann. Oder weil es in der Schnell-Variante einfach kaum Arbeit gibt.

Zutaten für 2 Personen zum gut Sattessen:
1–2 EL Currypaste (selbst gemachte Currypaste – siehe rechts; das selbst gemachte grüne Homemade-Basic-Curry von Seite 14 oder einfach fertig gekaufte Currypaste aus Glas oder Dose)
600 g Tomaten
1 Dose Kokosmilch (400 ml)
1 Dose oder 1 Glas Kichererbsen (240 g Abtropfgewicht)
300 g gegarte geschälte Garnelen (siehe TIPP)
Pfeffer aus der Mühle
Saft von 1 Zitrone

Zubereitungszeit: 25 Minuten (bei fertiger Paste)
Kalorien pro Portion: 580 kcal

1_Die Currypaste im Mörser oder Mixer zubereiten oder fertig aus Glas oder Dose nehmen. Die Tomaten waschen und grob würfeln, die Stielansätze dabei entfernen.

2_Wok auf die Herdplatte stellen und erhitzen. Von der Kokosmilch den dicklichen Rahm abnehmen (falls vorhanden, ansonsten einfach nur erst mal etwa ein Drittel der Milch nehmen) und in den Wok geben. Kurz aufkochen lassen, dann die Currypaste hineinrühren und bei mittlerer Hitze unter Rühren 1–2 Minuten köcheln.

3_Die Kichererbsen abgießen und abtropfen lassen, mit den Tomaten und der übrigen Kokosmilch unter die Currymischung rühren und 10 Minuten sanft köcheln lassen. Zuletzt Garnelen untermischen und noch richtig heiß werden lassen, aber nicht mehr kochen.

4_Die Schärfe prüfen, eventuell noch mit Currypaste oder Pfeffer nachwürzen. Mit frischem Zitronensaft nach Geschmack beträufelt servieren.

Basic-TIPP

Neben dem Mörsern ist auch das Garnelenschälen ein netter Job für den mitkochenden Besuch: Am besten erst mal den Kopf der Garnelen abdrehen, dann von der Bauchseite her den Rückenpanzer aufknacken und mit allen festen Bestandteilen abstreifen. Und ganz zum Schluss bitte nicht vergessen: Die Garnelen mit einem scharfen Messerchen am Rücken entlang einritzen und den dunklen Darm vorsichtig entfernen. Übrigens: Ganz frische und knackige Garnelen schmecken einfach unvergleichlich gut und sind im Fischladen des Vertrauens auch wirklich ihr Geld Wert.

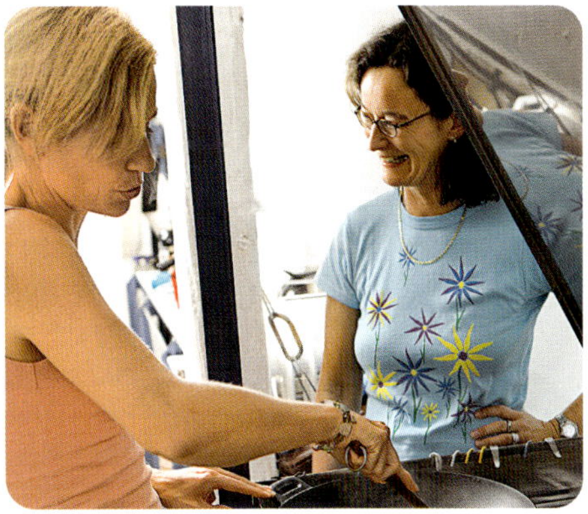

Selbst gemachte Currypaste

Falls ein robuster Mörser im Haus ist, umso besser, ansonsten die Zutaten im Mixer pürieren.

Und das steckt drin im echten Curry:
2–3 Stangen Zitronengras, 1 Stück frischer Ingwer (etwa 2 cm), 2–3 Thai-Schalotten, 3–4 Knoblauchzehen, 1–3 Chilischoten (je nach Größe und je nachdem, wie scharf das Curry werden soll).

Zitronengras waschen, unten und oben ein Stück abschneiden, den Rest fein hacken. Ingwer, Schalotten und Knoblauch schälen, alles etwas zerkleinern und mit dem Zitronengras in den Mörser geben. Chilischoten waschen, entstielen, zerkleinern und auch mit hineingeben. Das Ganze im Mörser mit Geduld und Kraft zu einer Paste zerreiben. (Was nicht gebraucht wird von der Paste, kann einfach in einem Schraubgläschen im Kühlschrank ein paar Tage auf den nächsten Einsatz warten.)

Gersteneintopf mit Rippchen und Speck

Deftiges für kalte Tage

Zutaten für 4 Personen:
2 gekochte Schweinerippchen (300 g)
1 große Zwiebel | 2 EL Öl
Salz | 1 Lorbeerblatt
2 Gewürznelken | 80 g Gerstengraupen
1 kleine Stange Lauch
2 Stangen Staudensellerie
2 Petersilienwurzeln | 2 Möhren
2 mehlig kochende Kartoffeln
(etwa 220 g)
50 g geräucherter Speck
1/2 l heiße Fleischbrühe
frisch geriebene Muskatnuss
Pfeffer aus der Mühle
2 EL gehackte Petersilie (nach Belieben)

Zubereitungszeit: 30 Minuten
+ 1 Stunde Garen
Kalorien pro Portion: 400 kcal

1_Das Fleisch von den Schweinerippchen schneiden, die Knochen schon mal für die Brühe bereit legen. Die Zwiebel schälen und halbieren.

2_In einem Topf 1 EL Öl erhitzen, Zwiebel und Knochen kurz anrösten. 3/4 l Wasser angießen, 1 TL Salz, Lorbeerblatt, Nelken und die Gerstengraupen hineingeben und zum Kochen bringen. Bei mittlerer Hitze etwa 30 Minuten köcheln lassen.

3_Den Lauch und Sellerie putzen und waschen. Petersilienwurzeln und Möhren schälen, Kartoffeln waschen und schälen. Lauch und Sellerie in feine Scheibchen, den Rest in kleine Würfel schneiden. Den Speck ebenfalls klein würfen.

4_Aus dem Gerstentopf Knochen, Zwiebel, Lorbeerblatt und Nelken herausfischen. In einem großen Suppentopf die Speckwürfelchen auslassen, restliches Öl dazugeben und den Speck leicht knusprig braten. Dann das Gemüse hineingeben und unter Rühren kurz andünsten, Gerste samt Sud untermischen. Dann die heiße Fleischbrühe angießen, alles zugedeckt weitere 30 Minuten köcheln lassen.

5_Das Rippchenfleisch klein schneiden. Vorm Servieren in den Eintopf einrühren und in 5 Minuten heiß werden, aber nicht mehr kochen lassen. Den Eintopf mit Muskat, Salz und Pfeffer abschmecken, nach Belieben die Petersilie einstreuen.

Rote Bohnen mit Limettenfisch

Überraschungs-Duo

Zutaten für 4 Personen:
400 g Fischfilet (z. B. Heilbutt, Rotbarsch, Seelachs, Kabeljau)
1 TL frische Estragonblätter (ersatzweise 1/2 TL getrockneter Estragon)
1 Bio-Limette
Salz | Pfeffer aus der Mühle
600 g Tomaten
1 Dose rote Bohnen (250 g Abtropfgewicht)
2 Knoblauchzehen
2 EL Olivenöl
1/2 l Fischfond (aus dem Glas)
1 Schuss trockener weißer Wermut oder Noilly Prat
1/2 l Gemüsebrühe

Zubereitungszeit: 50 Minuten
Kalorien pro Portion: 200 kcal

1_Das Fischfilet sorgfältig entgräten, in Häppchen schneiden und in eine Schüssel geben. Estragonblätter waschen und fein hacken. Die Limette heiß waschen und die

Schale fein abreiben, Saft auspressen. Das Fischfilet mit der Hälfte des Limettensafts, der Limettenschale, Salz, Pfeffer und Estragon mischen, zugedeckt ziehen lassen, bis es zu den Bohnen darf.

2_ Inzwischen in einem Topf Wasser aufkochen. Die Tomaten kreuzweise einschneiden, 1 Minute ins kochende Wasser geben und dann in ein Sieb abgießen. Kalt abschrecken, die Haut abziehen. Die gehäuteten Tomaten würfeln, die grünen Stielansätze dabei entfernen. Die Bohnen ins Sieb gießen, kalt abbrausen und gut abtropfen lassen.

3_Knoblauch schälen und fein hacken. Im Suppentopf das Öl heiß werden lassen, Knoblauch kurz andünsten. Fond, weißen Wermut oder Noilly Prat und die Brühe angießen. Bohnen und Tomaten dazugeben und zugedeckt bei geringer Hitze 10–15 Minuten köcheln lassen.

4_Dann das marinierte Fischfilet untermischen, die Herdplatte ganz runter oder ausschalten und alles zusammen noch zugedeckt 5 Minuten ziehen lassen, bis der Fisch gar ist. Auf keinen Fall mehr kochen lassen! Mit übrigem Limettensaft, Salz und viel Pfeffer abschmecken.

Hühnertopf mit Safranreis

Weckt Lebensgeister

Zutaten für 4–6 Personen:
1 küchenfertiges Suppenhuhn
1 Bund Suppengrün
Salz | 1 Lorbeerblatt
1/2 TL weiße Pfefferkörner
1 Bio-Zitrone | 1 Döschen Safran (0,1 g)
1–2 TL gemahlene Kurkuma
150 g Langkornreis | 150 g TK-Erbsen
Pfeffer aus der Mühle
frisch geriebene Muskatnuss
2 EL frisch geriebener Parmesan

Zubereitungszeit: 20 Minuten
+ 1 3/4 Stunden Garen
Kalorien pro Portion (bei 4 Personen):
540 kcal

1_Das Huhn abbrausen, in einen großen Suppentopf geben, mit Wasser bedecken und aufkochen lassen.

2_Das Suppengrün waschen und putzen oder schälen, klein schneiden. Mit 2 EL Salz, Lorbeerblatt und Pfefferkörnern zum Huhn geben. Bei geringer Hitze halb zugedeckt etwa 1 Stunde köcheln lassen.

3_Zitrone heiß waschen und die Schale spiralförmig hauchdünn abschneiden, den Saft auspressen. Die Zitronenschale mit in den Topf geben und alles weitere 20 Minuten kochen lassen.

4_Nach der Garzeit das Huhn herausnehmen, abtropfen und abkühlen lassen. Die Brühe durch ein feines Sieb gießen, dabei auffangen und etwa 2 l davon wieder in den Topf geben. Aufkochen, dann Safran, Kurkuma und Reis hineingeben. Die Herdplatte auf geringste Hitze schalten und den Reis zugedeckt in 15–20 Minuten ausquellen lassen.

5_Das Hühnerfleisch von den Knochen lösen und in Häppchen schneiden. Mit den TK-Erbsen zum Reis geben und in 5 Minuten alles zusammen fertig garen. Mit Salz, Pfeffer, Zitronensaft und Muskat abschmecken. Mit Parmesan bestreuen.

TIPP

Statt Parmesan schmeckt auch frisch gehackte Minze!

im Bild: Ramen mit Speck

Basic:

Man könnte natürlich genauso »Pochieren« sagen, aber das klingt so aktiv. Und hier geht's ums »lassen«, und zwar ohne Druck. Weswegen wir es dann auch »ziehen lassen«.

Das entspricht in etwa der »80-Grad-Methode« des Kochens. Denn wie beim 80-Grad-Braten (siehe Seite 128) wird beim Ziehenlassen die Temperatur knapp unter den 100 Grad gehalten, bei denen die Fasern von Fleisch oder Fisch so viel Energie abbekommen würden, dass sie leicht grob und trocken werden. Muss man beim 80-Grad-Garen im Ofen genau nachmessen, so funktioniert das in Flüssigkeit im Handumdrehen: Blubbern Wasser, Fond oder Brühe heftig, herrschen klar 100 Grad im Topf. Wallt die Oberfäche aber nur ganz leicht, liegt die Temperatur darunter.

Das ist einmal ideal für Stücke, die vor Muskeleiweiß strotzen wie der Tafelspitz (Rezept Seite 124), dessen Fasern auf diese Weise über längere Zeit sanft gelockert werden – und ganz nebenbei noch eine kraftvolle Brühe als Grundlage für gute Suppen und Eintöpfe entstehen kann. Zudem kommt Feinfaseriges wie Filet (vom Fisch wie vom Rind) zart und saftig aus dem Sud, wenn wir es darin kurz gar ziehen lassen – das eigentliche Pochieren. Hier sollte die Flüssigkeit allerdings selbst kräftiges Aroma haben.

Garziehen lassen

Ramen mit Speck

Asia-Instantsuppe hausgemacht

Zutaten für 4 Personen:
1 Bund Frühlingszwiebeln
3 Chilischoten | 2 Knoblauchzehen
1 Stückchen frischer Ingwer (etwa 2 cm)
500 g durchwachsener Räucherspeck
1/4 l Reiswein oder milder Sherry
1 TL Zucker | 1 TL Fünf-Gewürze-Pulver
150 g asiatische Weizennudeln (am besten japanische Ramen)

Zubereitungszeit: 15 Minuten
+ 45 Minuten Garen
Kalorien pro Portion: 880 kcal

1_Frühlingszwiebeln waschen und putzen, das Grün in Ringe schneiden, das Weiße ganz lassen. Chilis waschen, putzen und längs halbieren. Knoblauch und Ingwer schälen und in dünne Scheiben teilen.

2_Weiße Zwiebelstücke mit Chili, Knoblauch und Ingwer 15 Minuten in 1 l Wasser kochen. Dann auf kleine Hitze schalten und sobald das Wasser nur noch sanft wallt, den Speck samt Reiswein oder Sherry, Zucker und Gewürz dazugeben und in 30 Minuten gar ziehen lassen.

3_Nudeln nach Packungsaufschrift bissfest kochen, abgießen, kalt abspülen. Den Speck aus dem Sud fischen und in feine Scheiben schneiden. Nudeln mit Zwiebelringen kurz im Sud erwärmen, auf Schalen verteilen und den Speck obenauf legen.

Halbe Fischsuppe

Forelle trifft Garnele und Huhn

Zutaten für 4 Personen:
2 geräucherte Forellenfilets
8 rohe Garnelen (samt Schale, aber ohne Kopf) | 1 Knolle Fenchel
1 Zwiebel | 2 EL Öl | 1 TL Tomatenmark
3/4 l Hühnerfond (aus dem Glas) | Salz

Zubereitungszeit: 30 Minuten
+ 35 Minuten Garen
Kalorien pro Portion: 230 kcal

1_Von den Forellenfilets Haut abziehen. Garnelen waschen, Schalen ablösen und grob hacken. Den Fenchel waschen, die Stängel abschneiden und beiseite legen. Knolle halbieren, vom Strunk befreien (kommt zu den Stängeln) und in Streifen schneiden. Die Zwiebel schälen und wie Fenchelstängel und -strunk fein würfeln.

2_1 EL Öl stark erhitzen, die Garnelenschalen darin 1 Minute anbraten. Hitze runterschalten, die Fenchel- und Zwiebelwürfel samt Tomatenmark 2 Minuten mitbraten. Mit Fond aufgießen, 15 Minuten kochen lassen. Vom Herd ziehen, Forellenhaut darin 10 Minuten ziehen lassen. Den Sud durch ein feines Sieb streichen.

3_Die Fenchelstreifen im übrigen Öl andünsten und mit dem Sud 5 Minuten kochen lassen. Garnelen darin 4 Minuten gar ziehen lassen, in der letzten Minute die zerteilten Forellenfilets dazugeben.

Consommé express

Heißt: ganz schnelle Kraftbrühe

Zutaten für 4 Personen:
300 g Rinderfilet | 1 Bund Schnittlauch
4 EL trockener Sherry
1/2 TL Worcestersauce
1 l sehr leckere Kraftbrühe (selbst gemacht oder sehr gut eingekauft)
Salz

Zubereitungszeit: 10 Minuten
+ 15 Minuten Marinieren
Kalorien pro Portion: 115 kcal

1_Das Filet in sehr dünne Scheiben und diese in 1 cm breite Streifen schneiden. Schnittlauch waschen, trockenschütteln und in feine Röllchen schneiden. Beides mit Sherry und Worcestersauce mischen und 15 Minuten durchziehen lassen.

2_Jetzt Kraftbrühe aufkochen und leicht salzen. Die Filetstreifen in vier Suppentellern verteilen und die heiße Brühe direkt am Tisch dazugießen – das Fleisch zieht in Sekundenschnelle gar und darf sogleich mit der Brühe gelöffelt werden.

Basic-TIPP

Alles, was durch Ziehen gar geworden ist, darf auch später nur sanft wieder aufgewärmt werden (nicht kochen!) – das gilt für Tafelspitzscheiben wie für Garnelen.

Nudeln, Reis, Kartoffeln ...

Bei aller Freude eine Frage: Warum essen wir wirklich? Um Geld zu sparen? Abzunehmen? Eindruck zu machen? Nö. Wir essen, weil wir Hunger haben. Und den haben wir, weil irgendwo tief in uns drinnen einer sitzt, dem Werbebotschaften, Verführrezepte und Speisekartenpoesie ganz egal sind, weil: »Dein Körper braucht Energie! Stärke!! Gib sie mir!!! Gleich.«

Was können wir da tun? Nudeln, Reis, Kartoffeln kochen, klar. Aber das haben wir schon im ersten Basic getan. Hier geht es darum, die »Sättigungsbeilage« zur »Verwöhnungshauptsache« zu machen – also um Pasta mit Schmorhuhn-Sugo, Kartoffelpuffer mit Apfel-Mango-Mus und gratiniertes Ofenrisotto. Und dazu noch um Dampfnudeln mit Salsicce-Füllung und Cashew-Dattel-Couscous. Es geht also darum, den Hunger zu verwöhnen.

Wie? Kohlenhydrate sind böse? Tja nun, es gibt ja noch andere Kapitel in diesem Buch. Aber dass uns dann keiner sagt, er sei nicht satt geworden!

Es geht darum, die »Sättigungsbeilage« zur »Verwöhnungshauptsache« zu machen.

Das Kalorien-Quiz

Was ist hier eine Nudel, eine Kartoffel oder ein Reiskorn?

1. Stelle	▢ Nudel
2. Vitelotte	▢ Reis
3. Risoni	▢ Kartoffel
4. Aplati	▢ Kartoffel
5. Candele	▢ Nudel
6. Grombiera	▢ Reis
7. Filea	▢ Nudel
8. Sadri	▢ Kartoffel
9. Oryza	▢ Reis

1. »Stelle« sind kleine sternchenförmige Suppennudeln | 2. »Vitelotte« ist eine edle und seltene blau-violette Kartoffelsorte | 3. »Risoni« sind reisförmige Nudeln | 4. »Aplati« ist eine grüne Reissorte aus Asien | 5. »Candele« sind dicke Röhrennudeln | 6. »Grombiera« ist speziell-schwäbisch für Kartoffel (Grundbirne, Erdapfel) | 7.»Filea« ist eine fest kochende Kartoffelsorte | 8. »Sadri« ist eine Langkornreissorte aus dem Iran | 9. »Oryza« ist das lateinische Wort für Reis

Der letzte Pfiff

Das Frittenfinish

In der asiatischen Küche war sie neben dem Geschmack und dem Geruch schon lange ein Begriff, ohne dass man viel von ihr geredet hat; in der europäischen Küche, vor allem in der Schule des modernen Experimentalismus, ist sie in den letzten Jahren erst richtig entdeckt worden – die Textur der Speisen. Flüssig, fest, knusprig, weich, heiß, kalt, gekocht, gebraten – all das sind Faktoren, die der Speise ihre Textur geben. Das »al dente« italienischer Pasta, das Buttrige französischer Saucen, das Fluffige deutscher Knödel – alles Textur. Nur eben auf europäisch.

Dieser Zustand ist also auch für uns nichts Neues, ebenso wenig wie das Kombinieren solcher Texturen. Mindestens ein Beispiel dafür kennen wohl die meisten: sahnig-zartes Kartoffelpüree mit kross frittierten Zwiebeln, eine herrliche Sünde. Geht aber genauso mit gebratenen oder frittierten Kartoffeln als Finish. Auch gut zum Ausbacken sind: Rüben und Wurzeln wie Möhren, Petersilienwurzeln, Rote Beten; Zwiebeln aller Art; schmale Spalten vom Hokkaido-Kürbis samt Schale, dünne Scheiben von der Aubergine. Damit lassen sich jegliche Pürees (aus Kartoffeln oder den Gemüsen, die wir gerade noch frittiert haben) aufpeppen, aber obendrein über ein sämiges Risotto oder über bissfest gegarte Nudeln gestreut, bringen sie ein Essen klar voran.

Ebenfalls sehr lecker zu Gekochtem aus Kartoffeln, Nudeln und Reis: frittiertes Brot, gebratener Speck, mit oder ohne Öl angeröstete Nüsse und Kerne und als besonderes Extra frittierte Kräuterblätter – sehr gut abgetropft und nur ganz kurz in heißem Öl ausbacken.

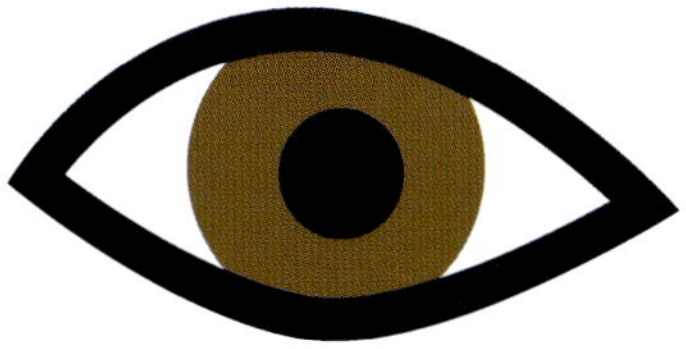

Tante Ilse über

»Hunger ist der beste Koch«

Ja, wie jetzt? Wer ist dieser Herr Hunger überhaupt? Irgendso ein Kommisskopp, der wahrscheinlich auch noch »in der Not frisst der Teufel Fliegen« gesagt hat. Ich meine, wie ist das denn, wenn man so ein richtiges Loch im Bauch hat? Dann stürzt man an den Kühlschrank oder in die Ecke mit den Süßigkeiten, reißt irgendwas raus, das erst mal viel Satt, Süß, Fett oder alles zusammen verspricht, und schlingt das runter, bevor man richtig draufgucken kann. Ohne Tisch decken, Hinsetzen, ein Gläschen dazu. Also, ein Essen beim besten Koch stell ich mir schon anders vor – zumal der hier ja noch gar nix gekocht hat, der Herr Hunger.

Aber vielleicht holen sich den nur Leute in die Küche, für die vor allem »viel = gut« sowie »viel mehr = das Beste« gilt. Für die ordentlich abgegessene Teller das Ideal sind – egal, was da drauf war. Leute, die den ganzen Tag nichts Ordentliches essen, um dann abends den Herrn Hunger ganz gewaltig aufkochen zu lassen. Und die ihn so richtig groß rausbringen, wenn sie in ein Lokal zum Essen gehen, denn »lieber den Magen verrenkt, als dem Wirt was geschenkt.« Schmeckt nicht? Gibt's nicht.

Ja, der Herr Hunger. Er ist alles, nur kein Feinschmecker. Eher ein Allesfresser. Und Entschuldigung – so jemanden würde ich nie für mich kochen lassen.

Was mach' ich jetzt mit … … Kartoffelpüree?

Herrlich war es, das Püree – so fluffig, buttrig, nicht zu mächtig. Aber das war gestern. Heute klebt die Masse kalt und fest im Topf. Was kann man machen?

1. Püree, die Zweite: mit etwas heißer Milch behutsam verrühren und dann bei kleiner Hitze langsam erwärmen.
2. Püreeplätzchen: Zwei Restportionen Püree mit 1 Ei und 3–4 EL Mehl zu einer nicht zu festen Masse verrühren, kräftig würzen (auch Kräuter, geriebener Käse können dazu) und in einer möglichst beschichteten Pfanne mit wenig Öl drin kleine flache Plätzchen daraus braten.
3. Wie gerade eben, nur wird das Eiweiß zu Schnee geschlagen (Teig mit Eigelb vermengen) und erst am Ende unter den Plätzchenmasse gehoben, entstehen luftigere Küchlein.
4. Püreekruste: Das Püree mit reichlich Semmelbröseln, Eiern, Kräutern zu einer streichfähigen Masse verrühren, auf Fischfilet oder Gemüse verteilen, mit Butter beträufeln und im Ofen überbacken.
5. Erdäpfelkas: Püree mit geschmolzener gebräunter Butter verrühren, dann Schnittlauch und geriebenen Käse einrühren, kräftig würzen (auch mit einem Spritzer Zitronensaft) und aufs Butterbrot damit.

NICHT GUT: aus dem Püree Knödel oder etwas zum Frittieren formen. Wegen der enthaltenen Milch kann sich das auflösen.

Was heißt denn … … sofritto?

Die Asiaten machen es bei ihren Wok-Gerichten, die Franzosen beim Ansatz ihrer Saucen und wir schaffen damit zum Beispiel vielen Kohlgerichten eine Basis. Aber erst mal mussten die Italiener kommen, um dem Ganzen einen Namen zu geben: »sofritto«. Was wie eine neue Limonade klingt, ist der angebratene Ansatz für Risotto wie fürs Sugo zur Pasta (und eben auch Knoblauch, Frühlingszwiebel und Ingwer für den Wok oder Zwiebeln und Äpfel fürs Rotkraut).

Das können einfach nur Zwiebeln sein, dazu dürfen sich aber zudem noch ganze Gewürze (Fenchel, Kreuzkümmel, Pfeffer, Wacholder, Chili), robuste Kräuter (Bohnenkraut, Lorbeerblatt, Majoran, Salbei, Oregano, Rosmarin, Thymian) und andere Aromen gesellen wie Knoblauch, Sardellen, Speck oder Zitrusschalen. Das wird eher sanft und langsam ausgebraten, zum Teil auch unterm Deckel, bevor Flüssiges dazukommt und sich dann alles zum großen Ganzen und Guten verbindet.

Selbst gemachter Nudelteig

Auf los geht's los

Die irgendwann mal angeschaffte Nudelmaschine (hier eine simple 5-stufige) steht doch sicher ganz hinten im Schrank – raus damit! Seit uns Marc vorgeführt hat, wie schnell und gut damit das Pastamachen geht, wird sie so schnell nicht mehr verstauben ...

Zutaten für 4 Personen:
150 g Mehl (Type 405 oder noch besser: Type 00 – eine italienische Mehlsorte, die es im gut sortierten Supermarkt oder italienischen Lebensmittelladen gibt)
2 Eier (Größe M) | Salz

Zubereitungszeit: 1 Stunde
(in aller Gemütlichkeit)
Kalorien pro Portion: 160 kcal

1_Das Mehl auf der Arbeitsplatte oder einem Backbrett zu einem Haufen aufschütten. In die Mitte eine Mulde drücken, Eier aufschlagen und in die Mulde geben. Mit 1 kräftigen Prise Salz würzen.

2_Nun erst mal ganz entspannt alles mit einem Teigschaber vermengen. Danach: kneten, kneten, kneten – mindestens 7 Minuten lang. Und zwar kräftig!

3_Wenn der Teig sich richtig gut anfühlt – also elastisch, glatt, geschmeidig –, sofort weiter verarbeiten. Nicht aufheben, sonst lässt die Elastizität nach.

4_Den Teig in vier Portionen teilen. Und mit jeder Teigportion wie folgt verfahren: Die Nudelmaschine zunächst einmal in der größten Einstellung lassen, den Teig fünfmal durchlaufen lassen. Dabei nach jedem Durchgang den Teig immer wieder zusammenfalten (am besten von links und rechts einschlagen), dann weitermachen. Und ab jetzt die Nudelmaschine immer 1 Stufe kleiner stellen, Teigplatte einmal durchlaufen lassen, wieder 1 Stufe runterdrehen und so weiter, bis alle 5 Stufen durchlaufen sind.

5_Eine große Arbeitsfläche leicht mit Mehl bestäuben und die Teigplatte darauf legen. Die anderen Teigportionen auf die gleiche Weise ebenso dünn ausrollen und auf die bemehlte Fläche legen. Tipp: Am besten dafür jemanden als hilfreichen Assistenten ausgucken.

6_Aus den Teigplatten entweder feine Streifen schneiden und Bandnudeln kochen (siehe Basic-TIPP) – oder aber Marcs feines Rezept für gefüllte Ricotta-Parmesan-Ravioli ausprobieren.

Und hier Marcs Nudelhit: Ricotta-Parmesan-Ravioli

Für 4 Personen die Teigplatten wie gerade beschrieben vorbereiten.
Für die Füllung 1 kleines Bund gemischte Kräuter (z. B. Petersilie, Liebstöckel, Rosmarin, Salbei oder Thymian) waschen, trockenschütteln und fein hacken. Mit 250 g Ricotta, 100 g frisch geriebenem Parmesan und 1 Ei (Größe M) kräftig verrühren.
Nudelteigplatten auf der Arbeitsfläche auslegen. Mit einem Ravioli-Ausstecher (ein Glas oder eine normale runde Ausstechform geht aber auch) zwei der Teigplatten markieren: Ausstecher einfach nur ganz leicht in den Teig drücken, damit man sieht, wo die Füllung hinkommt. In jede markierte Fläche 1 TL Füllung geben.
Jeweils eine zweite Teigplatte darauf legen, den Teig rund um die Füllungen sehr gut andrücken und dann die Ravioli ausstechen (oder auch mit dem Teigroller ausradeln). Ravioli auf ein bemehltes Tuch legen.
In einem großen Topf reichlich Salzwasser aufkochen, portionsweise Ravioli hineingeben und etwa 2 Minuten garen. Mit dem Schaumlöffel aus dem Wasser heben, abtropfen lassen und in geschmolzener Butter schwenken.
Auf vorgewärmten Tellern verteilen, salzen, pfeffern, servieren – mit frisch geriebenen Parmesan.

Basic-TIPP

Am allerallereinfachsten ist es natürlich, die fertigen dünn ausgewalzten Teigplatten einfach in mehr oder weniger breite Streifen zu schneiden – geht auch mit der Maschine. Nur kurz antrocknen lassen und die frischen Bandnudeln (Tagliatelle) dann in Rekordzeit kochen – mehr als 2 Minuten dauert's nicht. Mit zerlassener Salbeibutter, Parmesan, Tomatensauce oder einfach mit jeder anderen Pasta-Lieblingssauce servieren.

Schmorhuhn-Sugo

Passt prima zu kurzen dicken Nudeln wie Penne, kurzen Makkaroni, Orecchiette ...

Zutaten für 4–6 Personen:
4 schön fleischige Hähnchen- oder Maispoulardenkeulen (je etwa 200 g)
1 Bio-Zitrone | 1 EL Honig | 2 EL Tomatenmark | 1 TL edelsüßes Paprikapulver
2 Knoblauchzehen | 1 weiße Zwiebel
1 Dose geschälte Tomaten (800 g Inhalt)
3 EL Olivenöl
Salz | Pfeffer aus der Mühle
1/8 l trockener Weißwein
1 Zweig frischer Thymian (ersatzweise 1 TL getrockneter Thymian)

Zubereitungszeit: 25 Minuten
+ mind. 10 Minuten Marinieren
+ 45–50 Minuten Garen
Kalorien pro Portion (bei 4 Personen): 500 kcal

1_Die Geflügelkeulen kurz abbrausen und mit Küchenpapier trockentupfen. Die Zitrone heiß waschen und die Schale fein abreiben, den Saft auspressen.

2_Für die Marinade Honig, 1 EL Tomatenmark, 2–3 EL Zitronensaft, Zitronenschale und Paprikapulver glatt verrühren. Knoblauch schälen, fein hacken oder reiben und untermischen. Die Geflügelkeulen damit rundum einstreichen, abgedeckt nach Wunsch und Zeit ziehen lassen (mindestens 10 Minuten, gerne aber länger).

3_Den Backofen auf 180 Grad vorheizen. Die Zwiebel schälen und grob hacken. Die Dosentomaten etwas zerkleinern.

4_In einem Bräter das Olivenöl erhitzen. Darin die Keulen bei mittlerer Hitze rundum anbraten, salzen und pfeffern. Wieder herausnehmen, dann die Zwiebel in das Bratfett geben und kurz anbraten. Restliches Tomatemark einrühren und kurz mitbraten, dann die Tomaten und den Weißwein dazugeben. Kräftig salzen und pfeffern, alles gründlich mischen. Den Thymianzweig waschen, trockenschütteln und hineingeben.

5_Die Geflügelkeulen auf den Tomaten verteilen, alles im Backofen (Mitte, Umluft 160 Grad) 45–50 Minuten schmoren. Nach etwa 25 Minuten wenden. Falls die Keulen zu dunkel braten sollten, einfach mit Alufolie abdecken.

6_Bräter aus dem Ofen nehmen, alles etwas abkühlen lassen. Geflügelfleisch von den Knochen lösen, klein schneiden, unters Tomatensugo mischen und wieder heiß werden lassen. Mit übrigem Zitronensaft, Salz und Pfeffer abrunden. Fertig!

TIPPs

Die Geflügelkeulen schmecken natürlich auch einfach so – zu Brot oder Kartoffeln und einfach vom Knochen geknabbert.
Praktisch: Man kann auch den ganzen Bräter mit den fertig gegarten Keulen abgedeckt bis zum nächsten Tag in den Kühlschrank stellen und erst dann die Sauce zubereiten, oder genauso nur aus Resten davon.
Doppeltes Reste-Essen: Gegarte Nudelreste (z. B. Penne oder kurze Makkaroni oder Orecchiette) mit roten Paprikawürfelchen und roten Chiliringen kurz in Olivenöl anbraten. Dann das Schmorhuhn-Sugo untermischen, gut heiß werden lassen, pfeffern, noch mal mit frischem Thymian würzen. Mit Parmesan bestreut servieren.

Balsamico-Linsen mit Salsicce

Auch sehr gut zu kleinen dicken Nudeln, perfekt zu Orecchiette

Zutaten für 4 Personen:
1 Möhre | 2 Stangen Staudensellerie
3 Frühlingszwiebeln | 2 Knoblauchzehen
1 Chilischote | 3 EL Olivenöl
2 EL Tomatenmark
150 g Linsen (am besten die feinen Puy-Linsen aus Frankreich)
1/8 l trockener Weißwein
1/2 l heiße Gemüse- oder Hühnerbrühe
250 g Salsicce (italienische rohe Wurst, ersatzweise Bratwurstbrät)
1 Zwiebel | 1 kleines Glas Tomatensauce (190 g Inhalt)
2 EL Aceto balsamico
Salz | Pfeffer aus der Mühle

Zubereitungszeit: 1 Stunde
Kalorien pro Portion: 440 kcal

1_Die Möhre schälen, Selleriestangen und Frühlingszwiebeln waschen und putzen. Alles sehr fein würfeln. Knoblauch schälen und fein hacken. Die Chilischote waschen, entstielen und in feine Ringe schneiden, Kerne nach Wunsch entfernen (mit Kernen wird es schärfer). Danach unbedingt die Hände waschen.

2_In einer großen Pfanne oder im Wok 2 EL Öl erhitzen. Gemüse, Knoblauch und Chili einrühren und anbraten. Tomatenmark untermischen und kurz mitbraten. Die Linsen unterrühren, dann Wein und die Brühe angießen. Bei schwacher Hitze etwa 35 Minuten köcheln lassen, bis die Linsen bissfest sind (sie sollen nicht mehr hart, aber auch nicht zu weich sein).

3_Die Salsicce häuten, in kleine Stücke schneiden. Die Zwiebel schälen, halbieren und in Scheibchen schneiden. In einer zweiten Pfanne übriges Olivenöl erhitzen. Salsicce darin unter Rühren anbraten, Zwiebel dazugeben und mitbraten. Die Tomatensauce untermischen, heiß werden lassen und alles bei schwacher Hitze etwa 10 Minuten weitergaren (am besten auch ein bisschen Nudelwasser dazugießen).

4_Wenn die Linsen bissfest sind, Essig unterrühren. Salsicce mit Tomatensauce zum Linsengemüse geben, alles mischen und mit Salz und Pfeffer abschmecken.

Steinpilz-Sugo

Ein Gedicht zu Spaghetti

Zutaten für 2 Personen:
etwa 10 g getrocknete Steinpilze
2 Knoblauchzehen | 2 Schalotten
2 EL Olivenöl | 1 EL Butter
1 Messerspitze Chili-Flakes
1 Lorbeerblatt
1/8 l trockener Weißwein
Salz | Pfeffer aus der Mühle

Zubereitungszeit: 15 Minuten
Kalorien pro Portion: 215 kcal

1_Die Steinpilze in etwa 100 ml Wasser 5–10 Minuten einweichen. Knoblauch und Schalotten schälen, fein hacken. In einer Pfanne bei mittlerer Hitze Öl und Butter erhitzen, darin Knoblauch und Schalotten andünsten. Chili-Flakes und Lorbeerblatt dazugeben. Pilze aus dem Sud nehmen, Sud mit Wein in die Pfanne gießen. Etwa 5 Minuten einköcheln lassen.

2_Die Pilze klein schneiden, in die Sauce rühren und bei geringer Hitze erwärmen. Lorbeerblatt entfernen, vorsichtig salzen und pfeffern. Gegarte Pasta (z. B. 250 g Spaghetti) sofort untermischen.

Pesto-Nudel-Gratin

Ganz einfach und fast nur aus dem Vorrat

Zutaten für 4 Personen:
500 g mehlig kochende Kartoffeln | Salz
300 g kurze Nudeln (z. B. kurze Makkaroni) | 2 Zwiebeln
3 EL Butter | 200 g Sahne
2 EL Pesto (selbst gemacht, siehe Homemade Basics Seite 14, oder fertig gekauft)
200 g frisch geriebener Bergkäse
1/2 TL abgeriebene Bio-Zitronenschale
Pfeffer aus der Mühle
frisch geriebene Muskatnuss

Zubereitungszeit: 40 Minuten
Kalorien pro Portion: 790 kcal

1_In einem großen Topf 4–5 l Wasser zum Kochen bringen. Die Kartoffeln gut waschen und schälen, dann in 1 cm dicke Scheiben, in Streifen und nun in kleine Würfel schneiden. Wenn das Wasser kocht, 3 TL Salz hineingeben. Die Kartoffelwürfel und Makkaroni ebenfalls hineingeben und 10 Minuten kochen. Ab und zu umrühren, damit nichts am Topfboden hängen bleibt.

2_Inzwischen den Backofen auf 200 Grad (Umluft 180 Grad) vorheizen. Zwiebeln schälen und fein schneiden. 2 EL Butter in einer Pfanne zerlassen, Zwiebeln darin bei mittlerer Hitze hellbraun werden lassen.

3_Eine hitzebeständige Form mit etwas Bratfett aus der Pfanne ausstreichen. Die Sahne in einem Topf erhitzen. Pesto in ein Schälchen geben, mit 2 EL heißem Kochwasser verrühren, dann unter die Sahne mischen. Vom Herd nehmen, die Hälfte des Käses untermischen. Mit Zitronenschale, Salz, Pfeffer und Muskat würzen.

4_Nudeln und Kartoffeln abgießen, abtropfen lassen, in der vorbereiteten Form verteilen. Pestosahne angießen, übrigen Käse, Butterflöckchen und die gebräunten Zwiebeln aufstreuen. Im Backofen (Mitte) 10–12 Minuten backen.

TIPPs

Das Gratin lässt sich genauso gut für viele Leute zubereiten – einfach Mengen verdoppeln.
Auch lecker: Streifen von gekochtem oder rohem Schinken vorm Überbacken unter die Nudeln und Kartoffeln mischen.

Spinatspätzle mit Gorgonzola

Macht richtig schön satt

Zutaten für 4 Personen:
150 g tiefgekühltes Spinatpüree
300 g Mehl | 3 Eier (Größe M)
Salz | frisch geriebene Muskatnuss
150 g Gorgonzola | 2 EL Butter
Pfeffer aus der Mühle

Zubereitungszeit: 1 Stunde
+ 20 Minuten Ruhen
Kalorien pro Portion: 500 kcal

1_Spinat aus der Packung nehmen und auftauen lassen – in der Mikrowelle oder in einem Töpfchen bei schwacher Hitze. Aufgetauten Spinat kurz abkühlen lassen, mit 100 ml kaltem Wasser mischen.

2_Mehl in eine Schüssel geben. Eier, 1 TL Salz, etwas Muskat und Spinat dazugeben und nun mit dem Kochlöffel alles kräftig verrühren, bis der Teig Blasen schlägt und zäh vom Löffel tropft. (Falls der Teig zu fest ist, noch etwas lauwarmes Wasser unterschlagen, falls er zu flüssig ist, noch ein Löffelchen Mehl untermischen.) Teig zugedeckt etwa 20 Minuten ruhen lassen.

3_Den Backofen auf die niedrigste Stufe einstellen und eine große Form hineinschieben. In einem großen Topf reichlich Salzwasser zum Kochen bringen. Gorgonzola in kleine Stückchen schneiden.

4_Wenn das Wasser sprudelnd kocht, eine Teigportion durch die Spätzlepresse oder den Knöpflehobel hineindrücken, unten an der Presse mit einem Messer abstreifen. Sobald die Spätzle oben schwimmen, mit einem Schaumlöffel herausheben, gut abtropfen lassen und in die Form im Ofen geben. Dann die nächste Portion Teig einfüllen, durchdrücken und garen. Wieder abtropfen lassen und in die Form füllen. So weitermachen, bis alle Spätzle fertig sind.

5_Nebenbei die Butter bei geringer Hitze in einer Pfanne zerlassen, die Gorgonzolastückchen darin schmelzen lassen. Auf den Spätzle verteilen, pfeffern, servieren.

TIPPs

Dazu: einfach ein schöner Blattsalat. Ohne Gorgonzola sind die Spätzle eine tolle Beilage zum Lammragout mit grünem Pfeffer von Seite 119.

Malfatti

Nicht nur in Italien ein Kinderlieblingsessen

Zutaten für 4 Personen:
1 großes Bund glatte Petersilie
1 Zwiebel | 2 Knoblauchzehen
4 EL Butter | 30 g Walnusskerne
Salz | 250 g Ricotta | 50 g Parmesan
2 Eier (Größe M) | 1 Eigelb (Größe M)
Pfeffer aus der Mühle
frisch geriebene Muskatnuss
1/2 TL abgeriebene Bio-Zitronenschale
etwa 130 g Mehl

Zubereitungszeit: 1 Stunde
Kalorien pro Portion: 495 kcal

1_Die Petersilie waschen und trockenschütteln, fein hacken. Die Zwiebel und den Knoblauch schälen und fein hacken. 2 EL Butter in einer Pfanne zerlassen, Knoblauch, Zwiebel und Petersilie darin 1–2 Minuten anbraten. Dann aus der Pfanne nehmen, etwas abkühlen lassen und in einen hohen Mixbecher geben. Walnusskerne grob hacken und mit der Petersilien-Zwiebel-Mischung pürieren.

2_In einem Topf 2 l Salzwasser zum Kochen bringen. Backofen auf 180 Grad (Umluft 160 Grad) vorheizen, eine hitzebeständige, flache Form bereit stellen.

3_Ricotta in eine Schüssel geben, Parmesan hineinreiben. Pürierte Mischung dazugeben, Eier und Eigelb unterrühren. Mit Salz, Pfeffer, Muskat und Zitronenschale würzen. Esslöffelweise das Mehl dazugeben und alles zu einem glatten, zähen Teig rühren, abschmecken.

4_Übrige Butter schmelzen, bereit stellen. Mit zwei Esslöffeln aus dem Teig große Nocken formen, ins kochende Wasser abstreifen und bei geringer Hitze ziehen lassen, bis sie an der Wasseroberfläche schwimmen (etwa 2 Minuten). Die Nocken mit dem Schaumlöffel herausnehmen, abtropfen lassen und in die Form geben. Mit der flüssigen Butter beträufeln, im Ofen (Mitte) noch 5–10 Minuten backen.

TIPP

Unbedingt dazu servieren: frischen Salat! Zum Beispiel aus Kirschtomaten, Rucola und rohen Champignons, beträufelt mit Aceto balsamico und Olivenöl.

Kartoffelpuffer mit Apfel-Mango-Mus

Seelenwärmer

Zutaten für 4 Personen
(ergibt 12 Stück):
600 g feinsäuerliche Äpfel
2 EL Zitronensaft
200 ml Apfelsaft
1 schön reife Mango (etwa 600 g)
2 EL Vanillezucker
1 1/2 kg mehlig kochende Kartoffeln
2 Eier (Größe M)
2 EL Mehl
Salz
etwa 4 EL Butterschmalz
zum Braten

Zubereitungszeit: 1 Stunde
+ Kühlzeit fürs Mus
Kalorien pro Portion: 610 kcal

1_Die Äpfel schälen, vierteln und die Kerngehäuse herausschneiden. Die Apfelviertel in Spalten schneiden, in einen Topf geben und sofort mit dem Zitronensaft mischen, damit sie sich nicht verfärben. Den Apfelsaft angießen.

2_Mangofruchtfleisch in Spalten flach am Stein entlang abschneiden, schälen und klein schneiden. Restliches Fruchtfleisch vom Stein abschaben, alles mit in den Topf geben. Zugedeckt 10–12 Minuten bei mittlerer Hitze köcheln lassen, dann vom Herd nehmen und direkt im Topf pürieren. Vanillezucker untermischen und das Mus unter Rühren noch mal aufkochen. Abkühlen lassen und kalt stellen. (Vielleicht auch schon am Vortag zubereiten).

3_Erst kurz vorm Braten die Kartoffeln waschen und schälen, mit der Gemüsereibe (oder in der Küchenmaschine) nicht zu fein raspeln. Gleich Eier, Mehl und etwa 1 1/2 TL Salz untermischen. Jetzt nicht mehr lange stehen lassen, sondern möglichst sofort braten. Zum Warmhalten den Backofen auf niedrigste Stufe stellen und eine Servierplatte hineinschieben.

4_In einer großen beschichteten Pfanne 2 EL Butterschmalz erhitzen. Pro Puffer etwa 2 EL Kartoffelmasse in die Pfanne geben und mit dem Löffelrücken flach streichen. Bei mittlerer Hitze 3–4 Minuten braten. Wenden und noch mal 4 Minuten braten. Die Puffer sollen schön knusprig braun sein. Fertige Puffer auf die Platte im Ofen legen. Jetzt nach Bedarf weiteres Butterschmalz in die Pfanne geben und nach und nach alle Puffer braten.

5_Die heißen Puffer auf der warmen Platte servieren und das gekühlte Apfel-Mango-Mus extra dazu reichen.

VARIANTE: Schweizer Rösti

1 kg mittelgroße, fest kochende Kartoffeln waschen und knapp mit Wasser bedeckt in etwa 15 Minuten nicht ganz gar kochen. Abgießen und abkühlen lassen. Dann die Kartoffeln pellen und auf einer Gemüsereibe über einer Schüssel grob raspeln. 1 Zwiebel schälen, sehr fein hacken und untermischen. Mit Salz und Pfeffer kräftig würzen. In einer beschichteten Pfanne 2 EL Butterschmalz erhitzen, die Kartoffelmasse komplett hineingeben und mit dem Pfannenwender gleichmäßig flach drücken. Bei geringer Hitze 15 Minuten braten, bis die Unterseite eine goldbraune Kruste hat. Den ganzen Fladen auf eine Platte gleiten lassen. Noch mal 2 EL Schmalz in der Pfanne heiß werden lassen. Das Rösti mit der ungebackenen Seite nach unten wieder in die Pfanne geben und in etwa 15 Minuten fertig backen. Auf eine warme Servierplatte legen und wie einen Kuchen in Portionsstücke aufschneiden.

Das ist die klassische Beilage zu »Zürcher Geschnetzeltem« (Kalbsgeschnetzeltes mit Pilzen und Sahnesauce), schmeckt aber zu vielen Fleischgerichten mit Sauce und auch zu Gemüse, Kompott oder Salat.

Basic-TIPPs

Die Kartoffelpuffer gelingen wirklich nur mit mehlig kochenden Kartoffeln, weil die auch genügend Stärke zum Binden enthalten.
Geraspelte Kartoffeln nicht lange stehen lassen, sie verfärben sich sonst braun und ziehen Wasser.

Zitronenbutter-Kartoffeln

Einfach raffiniert

Beilage für 4 Personen:
800 g sehr kleine, fest kochende Kartoffeln
Salz
1 Lorbeerblatt
2 Knoblauchzehen
2 EL Butter
2–3 EL Zitronensaft
1/2 Bund glatte Petersilie

Zubereitungszeit: 30 Minuten
Kalorien pro Portion: 175 kcal

1_Die Kartoffeln unter fließendem Wasser gründlich waschen, schälen und dann unzerteilt in einem Topf knapp mit Wasser bedecken. 2 TL Salz und das Lorbeerblatt hinzufügen.

2_Den Knoblauch schälen, halbieren und mit in den Topf geben. Alles zum Kochen bringen, die Kartoffeln in 10–15 Minuten weich kochen.

3_Fertig gegarte Kartoffeln abgießen. In einer Pfanne die Butter zerlassen, den Zitronensaft einrühren und die Kartoffeln hineingeben, eventuell salzen. Die Petersilie waschen und trockenschütteln, fein hacken und unter die Kartoffeln mischen. Fertig!

TIPPs

Die Zitronenbutter-Kartoffeln schmecken als Beilage etwa zu gebratenem Lammfleisch, Kalbsschnitzelchen oder einer Gemüsepfanne.
Für dieses Rezept lohnender denn je: wirklich wohlschmeckende Kartoffeln! Findet man am ehesten auf dem Wochenmarkt oder im kleinen Gemüseladen mit guter Beratung.

Blechkartoffeln mit Birnen und Lauch

Beilage oder Imbiss

Zutaten für 4 Personen:
200 ml Gemüsebrühe
1 EL Weißweinessig
Pfeffer aus der Mühle
1 Prise Zucker
6 EL Olivenöl
1 getrocknetes oder frisches Salbeiblatt
1/2 TL abgeriebene Bio-Zitronenschale
1 kg fest kochende Kartoffeln
1 Stange Lauch
2 saftige Birnen (z. B. Williamsbirnen)

Zubereitungszeit: 1 Stunde
Kalorien pro Portion: 320 kcal

1_Den Backofen auf 180 Grad (Umluft 160 Grad) vorheizen. Ein Backblech oder einen Bräter bereit stellen.

2_Brühe mit Essig, Pfeffer, Zucker und Öl verquirlen. Salbeiblatt zerkrümeln oder fein hacken, mit der Zitronenschale unterrühren. Blech oder Bräter mit etwas von der Marinade bepinseln.

3_Die Kartoffeln waschen und schälen, kleinere Kartoffeln längs vierteln, größere in fingerdicke Schnitze schneiden. Auf dem Backblech oder im Bräter verteilen. In den Ofen (Mitte) schieben und die Kartoffeln etwa 25 Minuten vorbacken.

4_Inzwischen die Lauchstange putzen und waschen, die Stange dazu längs aufschlitzen und unter fließendem Wasser ausspülen. Lauch schräg in etwa 1 cm breite Ringe schneiden. Birnen waschen, vierteln und die Kerngehäuse entfernen. Birnenviertel längs in Schnitze oder in Scheiben schneiden.

5_Die Birnen mit dem Lauch zusammen unter die Kartoffeln auf dem Blech oder im Bräter mischen. Alles mit der restlichen Marinade gleichmäßig beträufeln und in etwa 15 Minuten fertig backen.

TIPPs

Perfekte Beilage zu Ente, Tafelspitz (Seite 124) und Fisch.
Wenn neue junge Kartoffeln mit zarter Schale verwendet werden, diese nur abbürsten, nicht schälen!

Kürbis-Kartoffel-Püree mit Vinaigrette

Kleine, feine Überraschung

Zutaten für 4 Personen:
600 g mehlig kochende Kartoffeln
400 g Kürbisfruchtfleisch (das sind etwa 600 g Kürbis samt Schale und Kernen)
Salz | 4 EL Weißweinessig
Pfeffer aus der Mühle
1 Prise Zucker
1 TL scharfer Senf
6 EL Olivenöl
1 kleines Bund Schnittlauch
1 Kästchen Gartenkresse
1 EL Butter

Zubereitungszeit: 40 Minuten
Kalorien pro Portion: 275 kcal

1_Die Kartoffeln waschen und schälen, in kleine Würfel schneiden und in einen Topf geben. Das Kürbisfleisch genauso klein schneiden und zu den Kartoffeln geben. Knapp mit Wasser bedecken und zum Kochen bringen, 2 TL Salz dazugeben. Im halb bedeckten Topf in etwa 15 Minuten weich köcheln.

2_Inzwischen die Vinaigrette zubereiten. Weinessig mit Salz, Pfeffer, Zucker und Senf verrühren, dann nach und nach das Öl einfließen lassen und mit dem Schneebesen kräftig unterquirlen. Die Kräuter waschen, trocknen, fein schneiden und untermischen.

3_Kartoffeln und Kürbis abgießen, Kochsud auffangen. Gemüse in den heißen Topf zurückgeben und zerstampfen (oder durch die Kartoffelpresse drücken oder die flotte Lotte drehen). Dann 1–2 kleine Schöpfkellen vom Kochsud und die Butter untermischen und alles mit dem Schneebesen glatt verrühren. Als kleine Hügel auf vorgewärmte Teller verteilen, mit der Kräuter-Vinaigrette beträufeln.

TIPPs

Super leckere Beilage zu gebratenem oder gegrilltem Fisch oder Fleisch. Aber auch solo fein, mit einem Spiegelei gekrönt und mit Röstbrot serviert.
Flotte Lotte: Nicht richtig basic, aber trotzdem ein Lieblingsgerät aus Omas Küche. Einfach an der Kurbel drehen, dann wird das Gemüse durch die Lochscheibe gedrückt und in lockeres Püree verwandelt.

Dampfnudeln mit Salsicce-Füllung

Deutsch-italienische Liaison

Zutaten für 6 Personen:
500 g Mehl + Mehl fürs Brett
1/2 Würfel frische Hefe (21 g)
200 ml lauwarme Milch (ersatzweise Wasser oder Milch und Wasser gemischt)
1 Ei (Größe M) | Salz
150 g Salsicce (frische italienische Wurst, ersatzweise rohe grobe Bratwurst)
3 Frühlingszwiebeln
1 frische Chilischote oder
1/2 TL getrocknete Chili-Flakes
2 EL Olivenöl
Pfeffer aus der Mühle
1 EL Butter

Zubereitungszeit: 1 1/2 Stunden
+ 15–20 Minuten Garen
Kalorien pro Portion: 455 kcal

1_Für den Teig das Mehl in eine Schüssel geben. Die Hefe zerbröckeln und in einer Tasse mit der Milch anrühren. Mit dem Ei und 1 TL Salz unter das Mehl kneten. Die Schüssel mit einem Tuch bedecken und den Teig an einem warmen Ort etwa 30 Minuten gehen lassen (z. B. im Ofen, den man dafür auf 50 Grad einstellt).

2_Die Salsicce-Wurst aus der Pelle lösen, mit einem scharfen Messer etwas kleiner hacken. Die Frühlingszwiebeln waschen und putzen, das Grüne und Weiße fein hacken. Die Chilischote entstielen, längs aufschlitzen und die Kerne rausspülen, die Schote ebenfalls fein hacken.

3_In einer Pfanne das Olivenöl erhitzen. Salsicce, Frühlingszwiebeln und gehackte Chili oder Chili-Flakes einrühren und bei mittlerer Hitze 1–2 Minuten anbraten. Vom Herd nehmen und etwas abkühlen lassen. Mit Pfeffer würzen.

4_Inzwischen Hefeteig gründlich durchkneten und sechs Kugeln daraus formen. Auf ein leicht bemehltes Brett legen, mit einem Tuch abdecken und noch mal 20 Minuten gehen lassen.

5_Zum Garen der Dampfnudeln braucht man einen möglichst schweren Topf mit sehr dicht schließendem Deckel (perfekt: der alte Gusseisentopf aus Omas Küche). 200 ml Wasser einfüllen und 1/2 TL Salz und die Butter dazugeben und aufkochen.

6_Und so werden die Dampfnudeln nun gefüllt: Mit dem Finger eine Vertiefung in die Teigkugeln drücken, 1 EL Salsicce-Füllung in die »Höhle« geben, den Teig drumherum wieder glatt verschließen und alles wieder zur Kugel formen (wie bei Knödeln).

7_Gefüllte Kugeln in den Topf setzen und den Deckel fest verschließen. Bei mittlerer Hitze 15–20 Minuten im Dampf garen. Zwischendurch auf keinen Fall in den Topf schauen, sonst entwischt der Dampf.

TIPP

Noch Teig übrig? Geniale Abwandlung der Zutaten (von Christa ganz spontan entdeckt):
Teig ausrollen, Füllung drauf und einfach aufrollen. Auf ein Blech mit Backpapier legen und die Rolle im 180 Grad heißen Backofen (Mitte, Umluft 160 Grad) etwa 20 Minuten backen. Dann in Scheiben schneiden und auch zur Tomatensauce (siehe unten) servieren.
Unvergleichlich köstliches Duo: Dampfnudeln und Rollen zusammen auftischen!

Und dazu gibt's: kalte Tomatensauce

1 kg aromatische Tomaten waschen und klein schneiden, dabei die Stielansätze entfernen. 3 Knoblauchzehen schälen und halbieren. 2 Zweige Rosmarin waschen, trockenschütteln und mit Tomaten, Knoblauch, Salz und Pfeffer in einen Bräter geben. Alles mit 3 EL Olivenöl beträufeln. Im 180 Grad heißen Backofen (Mitte, Umluft 160 Grad) 20 Minuten schmoren. Abkühlen lassen, Rosmarin rausnehmen, Tomaten pürieren und abschmecken.

Polenta-Gratin mit Ziegenkäse

Vorspeise oder Zwischengericht

Zutaten für 4 Personen:
1 EL Öl | 2 EL Butter
1/4 TL getrocknete Lavendelblüten (ersatzweise getrockneter Thymian)
400 ml Gemüsebrühe | 450 ml Milch
200 g Instant-Polentagrieß (Maisgrieß)
250 g ganz frischer Ziegenfrischkäse
Pfeffer aus der Mühle

Zubereitungszeit: 30 Minuten
Kalorien pro Portion: 485 kcal

1_Den Backofen auf 250 Grad (Umluft 220 Grad) vorheizen. Eine Gartinform mit Öl ausstreichen. Butter in einem Töpfchen bei geringer Hitze zerlassen, den Lavendel einstreuen, vom Herd nehmen.

2_Die Brühe und Milch in einem großen, hohen Topf zum Kochen bringen. Topf zur Seite ziehen, Grieß einrieseln lassen und kräftig rühren. Auf die ausgeschaltete (oder auf kleinste Stufe gestellte) Herdplatte zurückstellen und die Polenta unter kräftigem Rühren etwa 1 Minute köcheln lassen. Vorsicht: Kochende Polenta spritzt leicht! Grundsätzlich gilt: Wird die Polenta zu fest, heißes Wasser dazugeben, wird sie zu dünn, mehr Polentagrieß einrühren.

3_Die Polenta in die Form füllen, glatt streichen und mit der flüssigen Lavendelbutter bepinseln. Ziegenkäse in Scheiben schneiden und dicht auf der Polenta verteilen. Grob aus der Mühle pfeffern, im Ofen (Mitte) etwa 10 Minuten überbacken.

Cashew-Dattel-Couscous

Schnell und unkompliziert

Zutaten für 4 Personen:
1/2 l Gemüsebrühe | 300 g Instant-Couscous | 5 getrocknete Datteln
1 kleines Bund Petersilie | 1 Bio-Limette
50 g Cashewnusskerne | 4 EL Öl
Salz | Pfeffer aus der Mühle
1 EL Butter

Zubereitungszeit: 20 Minuten
Kalorien pro Portion: 475 kcal

1_Die Brühe aufkochen. Couscous damit übergießen, gut durchrühren und etwa 10 Minuten quellen lassen, dabei immer mal wieder mit einer Gabel auflockern.

2_Inzwischen die Datteln entkernen und in sehr feine Streifen schneiden. Petersilie waschen, trockenschütteln, fein hacken. Die Limette heiße waschen und die Schale fein abreiben, Saft auspressen. Cashewkerne fein hacken, aber nicht mahlen.

3_Nach der Couscous-Quellzeit den Wok oder eine große Pfanne erhitzen, das Öl hineingießen und heiß werden lassen. Couscous hineingeben und bei starker Hitze unter ständigem Rühren 2 Minuten anrösten. Cashewkerne untermischen und 1 Minute mitrösten. Datteln, Petersilie und Limettenschale untermischen, kurz weiterbraten. Dann mit Salz, Pfeffer und Limettensaft abschmecken. Die Butter in Flöckchen untermischen, zergehen lassen. Auf einer vorgewärmten Platte servieren.

TIPP

Der Cashew-Dattel-Couscous ist eine raffinierte und geniale Beilage zu Lammgerichten, zu Geflügel und Gemüse.

Pochierte Eier auf Tomaten-Risotto

Einfach lecker, auch für Kinder

Zutaten für 4 Personen:
1 kg super aromatische Tomaten
2 Schalotten | 2 Knoblauchzehen
3 EL Butter
400 g italienischer Risotto-Reis
(z. B. Aborio oder Vialone)
1/8 l trockener Weißwein
etwa 1 l heiße, kräftige Gemüsebrühe
1 Schuss Weißweinessig | Salz
4 Eier (Größe M)
50 g frisch geriebener Parmesan
1–2 EL Zitronensaft | Pfeffer aus der Mühle | 1 Bund Basilikum

Zubereitungszeit: 45 Minuten
Kalorien pro Portion: 610 kcal

1_In einem Topf Wasser aufkochen. Die Tomaten kreuzweise einschneiden und 1 Minute ins kochende Wasser legen. Abgießen, die Tomaten häuten und das Fruchtfleisch ohne den grünen Stielansatz zerkleinern. Schalotten und Knoblauchzehen schälen und fein hacken.

2_Die Hälfte der Butter in einer großen Pfanne zerlassen. Die Schalotten und den Knoblauch einrühren, bei mittlerer Hitze 1 Minute braten. Dann den Reis gründlich untermischen, damit die Reiskörner von Fett überzogen werden. Tomaten unterrühren, den Wein angießen und köchelnd eindampfen lassen. Nun 2 Schöpfkellen heiße Brühe angießen. Den Risotto bei häufigem Rühren etwa 25 Minuten köcheln lassen. Dabei nach und nach immer wieder Brühe nachgießen, die von den Reiskörnern aufgesogen wird.

3_Etwa 10 Minuten vor Garzeitende in einem nicht zu kleinen Topf etwa zwei Handbreit Wasser erhitzen, den Essig und 1 Prise Salz dazugeben und aufkochen.

4_Sobald das Wasser sprudelnd kocht, den Topf kurz auf die Seite ziehen und nacheinander sanft die Eier hineingleiten lassen. Das geht so: Die Eier nach und nach aufschlagen, jeweils in eine Schöpfkelle oder eine Tasse geben und langsam ins Wasser gleiten lassen. Topf wieder auf die Herdplatte stellen und die Eier bei geringer Hitze zugedeckt etwa 4 Minuten ziehen lassen. Eine besonders schöne runde Form bekommen die Eier, wenn man gleich nach dem Hineingleiten ins Wasser das Eiweiß mit zwei Löffeln immer wieder an das Eigelb ranschiebt.

5_Der Risotto ist fertig, wenn er sämig aussieht, die Körner aber noch etwas Biss haben. Nun die übrige Butter und den Parmesan untermischen, mit Zitronensaft, Salz und Pfeffer abschmecken. Basilikumblättchen in feine Streifen schneiden

6_Risotto auf vier vorgewärmte Teller verteilen. Die pochierten Eier mit einem Schaumlöffel aus dem Essigwasser heben und in die Mitte vom Reis setzen, leicht pfeffern. Basilikumstreifen ringsum auf den Reis streuen.

TIPP

Die pochierten Eier passen auch prima zum Zitronengras-Risotto aus dem Fischkapitel (siehe Seite 141). Dann allerdings den Risotto ohne Meeresfrüchte köcheln.

im Bild: Allerlei-Gratin

Basic:

Das schöne Wort »Gratin« verspricht eine Kruste, die würzig bis knusprig ist. Und darunter steckt zarter, saftiger Genuss.

Denn »gratinieren« heißt überbacken, und in vielen Fällen ist das Überbackene schon vorgegart. Was die Kruste ergibt, war ursprünglich als Schutz gedacht, damit die Zutaten im heißen Ofen nicht austrocknen oder verbrennen. Dazu muss genug Fett in der Gratiniermasse sein. Am simpelsten ist Käse, der unterm Grill erst schmilzt und dann bräunt. Das sollte er allerdings nur ein wenig, den sonst kann er bitter werden. Und fett genug sollte er auch sein: Minimum sind 45% Fett i. Tr. (= in der Trockenmasse) wie bei Emmentaler oder Mozzarella. Und ein paar Butterflöckchen extra schaden nie.

Ein Klassiker ist die Kombination von Öl oder Butter mit Bröseln von Semmeln, Toast- oder Sauerteigbrot, manchmal ergänzt durch geriebene Nüsse oder Kerne. Magere Steaks oder Fischfilets bleiben darunter saftig, werden würziger und bekommen eine Kruste – was heute beim Gratinieren das Hauptziel ist. Noch voller wird eine Gratin, wenn Ei in der Masse ist, das dann auch Flüssiges binden kann wie im Allerlei-Gratin rechts. Dabei wichtig: Aus dem Ofen holen, wenn es noch leicht flüssig ist, sonst wird es schnell Rührei. Und dann sind da noch die Gratins, deren Zutaten im Ofen mitgaren, bis die Kruste kommt – mehr dazu beim Ofenrisotto.

Gratinieren

Allerlei-Gratin

Ein Guss für viele Möglichkeiten

Zutaten für 4 Personen:
500 g Champignons | 1 Paprikaschote
4 große Scheiben Roggenbrot
1 Bund Schnittlauch | 1 kleines Bund Dill
1 EL Butter | Salz | Pfeffer aus der Mühle
100 g frisch geriebener Käse (z. B. Bergkäse oder Emmentaler)
200 g saure Sahne | 200 g Sahne
2 Eier (Größe M)

Zubereitungszeit: 25 Minuten
+ 30–40 Minuten Garen
Kalorien pro Portion: 485 kcal

1_Pilze mit Küchenpapier sauber reiben, dunkle Anschnitte wegschneiden und die Pilze vierteln. Paprika waschen, putzen und grob würfeln. Das Brot in 2 cm große Würfel schneiden. Kräuter waschen und trockenschütteln, Schnittlauch in Röllchen schneiden, die Dillspitzen grob hacken.

2_Backofen auf 180 Grad vorheizen. Eine große Gratinform buttern, vorbereitete Zutaten darin mischen, mit Salz und Pfeffer würzen, Käse darüber streuen. Die beiden Sahnesorten mit den Eiern verquirlen, salzen und drübergießen.

3_Gratin 30–40 Minuten im Ofen (Mitte, Umluft 160 Grad) garen, bis es leicht gebräunt und gestockt ist. 5 Minuten ruhen lassen, dann servieren. Geht auch prima mit anderen zarten Gemüsen, vorgegarten Kartoffeln oder Bratenresten.

Streuselnudeln

Das Gratin zum Knuspern

Das Streuselkuchenprinzip wird hier pikant mit Parmesan auf die Nudel übertragen. Und da statt Mehl Brösel von gebackenen Semmeln dabei sind, wird alles schnell gar und knusprig. Kann noch mit Gemüse erweitert werden.

Zutaten für 4 Personen:
500 g kompakte Nudeln (z. B. Penne, Farfalle, kurze Makkaroni, Tortellini)
Salz | 100 g weiche Butter
150 g Semmelbrösel
100 g frisch geriebener Parmesan

Zubereitungszeit: 15 Minuten
Kalorien pro Portion: 865 kcal

1_Erst mal für die Nudeln reichlich Salzwasser aufkochen und darin Penne & Co. nach Packungsaufschrift bissfest garen. (Nudelreste werden in der zugedeckten Pfanne mit Butter und ein paar Spritzern Wasser kurz heiß gemacht.)

2_Inzwischen die Butter mit Bröseln und Parmesan zur glatten Masse verkneten. Davon dann Portionen abnehmen und zwischen den flachen Händen verreiben, so dass kleine Streusel entstehen. Den Backofengrill vorheizen.

3_Nudeln abgießen, auf vier tiefe, ofentaugliche Teller verteilen und die Streusel drüberstreuen. Dann in den Ofen (oben) schieben und 4–5 Minuten gratinieren, bis die Streusel schön gebräunt sind.

Ofenrisotto

Viel Kruste ganz ohne Rühren

Zutaten für 6 Personen:
100 g Butter | 1 1/2 l Brühe vom Huhn, Gemüse oder Kalb (selbst gemacht oder fertig gekauft) | 500 g Risotto-Reis
150 g frisch geriebener Käse nach Gusto (vom Parmesan bis Emmentaler)
1 TL Salz | 200 ml trockener Weißwein
2 Kugeln Mozzarella (je 125 g)

Zubereitungszeit: 10 Minuten
+ 1 Stunde Garen
Kalorien pro Portion: 640 kcal

1_Den Backofen auf 200 Grad vorheizen. Ein tiefes Backblech mit 1 EL Butter ausstreichen. Die Brühe aufkochen, übrige Butter darin zerlassen. Den Reis auf dem Blech mit geriebenem Käse und Salz vermischen, verstreichen. Wein dazugießen.

2_Das Blech in den Ofen (Mitte, Umluft 180 Grad) schieben und die Brühe hineingießen. Den Reis 30 Minuten garen, bis die Brühe fast verschwunden ist. Den Mozzarella in Scheiben schneiden, leicht in den Reis drücken. Weitere 30 Minuten gratinieren, bis alles schön gebräunt ist.

Basic-TIPP

Statt Backofengrill: Ofen auf Umluft bis zum Anschlag hochdrehen, dann noch 15 Minuten heiß laufen lassen.

Gemüse

... kam irgendwann mal von »musen«.

... ist spargelstangenlang, spinatblattflach, kohlrabirund, auberginenoval, paprikaeckig, fenchelknollig, selleriebollig.

... ist für Mus viel zu schade.

... leuchtet rot wie Tomate, orange wie Kürbis, gelb wie Mais, grün wie Gurke, lila wie Artischocke, weiß wie Rettich. Und schwarz wie Rettich.

... taugt nicht bloß als Beilage.

... kann man waschen, putzen, schälen, schneiden, hobeln, würfeln, stifteln, streifeln, raspeln, reiben, aushöhlen.

... lässt sich auch im Ganzen garen.

... taugt für Krapfen und Gratins, Blechgerichte und Tartes, fast alles aus dem Wok und vom Grill.

... lassen sich fast alle in Hüllen garen.

... ist spargelstangenlang, spinatblattflach, paprikaeckig, fenchelknollig, selleriebollig.

Das Grünzeug-Quiz

Welches Gemüse stammt aus welchem Teil der Pflanze?

1. Fenchel	▢ Samen
2. Kohlrabi	▢ Stängel
3. Pastinake	▢ Blüten
4. Aubergine	▢ Blätter
5. Chicorée	▢ Wurzeln
6. Brokkoli	▢ Triebe
7. Bohnenkerne	▢ Frucht
8. Spargel	▢ Blätter
9. Rosenkohl	▢ Triebe

1. Fenchelknollen sind verdickte Blätter | 2. Kohlrabiknolle ist eine Verdickung des Stängels | 3. Pastinaken sind Wurzeln | 4. Aubergine ist eine Frucht (auch: Eierfrucht) | 5. Chicoréestauden sind im Dunkeln gezogene Triebe der Zichorie-Wurzel | 6. Brokkoli besteht aus winzigen Blütenständen | 7. Bohnenkerne sind Samen, die in Hülsen wachsen (daher: Hülsenfrüchte) | 8. Spargelstangen sind Triebe (weiß: unter der Erde, grün: über der Erde) | 9. Rosenkohl sind Mini-Kohlköpfe und somit Blattgemüse

Der letzte Pfiff

Zum Schluss wird's roh

Manche Gemüse dünsten oder schmoren eine ganze Weile vor sich hin, bis sie gar sind – obwohl sie roh auch ganz toll schmecken, nur eben anders. Bringt man am Ende kurz vor dem Servieren Rohes und Gegartes zusammen, kann ein ganz neuer, sehr angenehmer Geschmack entstehen. Wichtig ist dabei, das rohe Gemüse fein zu schneiden, zu raspeln oder auch zu pürieren, damit es nur ein bisschen Biss ins Essen bringt, ohne zu stören.

Sehr gut geht das mit Fenchel (zum Schluss fein reinhobeln), Lauchgemüse (am Ende Frühlingszwiebelringe oder Schnittlauchröllchen dazugeben), Gurke (Gemüse mit dünnen Scheibchen von Gewürzgurken vollenden), Möhren und Zucchini (zum Finish frisch in den Topf raspeln), Paprika und Tomaten (ein paar Würfelchen vorm Servieren drüberstreuen).

Weitere Rohlinge, die ein gegartes Gemüse ergänzen können, sind frische zarte Kräuter (alles, was auch an den Salat kommt), Streifen von Blattsalat und jede Art von Nüssen und Kernen, die ganz zum Schluss kurz angeröstet und aufgestreut werden. Und ebenso passt Obst zu vielen Gemüsen, vor allem wenn es außer süß auch ein wenig sauer ist und nicht zu empfindlich oder wässrig: Ananas, Äpfel, Birnen, Johannis- oder Stachelbeeren, Weintrauben, Melone und Mango, Nektarinen und Granatapfelkerne, Zitrusfrüchte und diverse Trockenfrüchte passen zu Fenchel, Gurken, Kraut, Möhren, Lauch, Paprika, Tomaten und Zucchini – also eigentlich zu allem, dass auch roh gut schmeckt.

Tante Ilse über

»Junges Gemüse«

Mannomannomann! Wieso müsst Ihr Kerle gleich immer so blöde feixen, wenn von »jungem Gemüse« die Rede ist. Und dann gleich noch was vom »Früchtchen« hinterherschicken, dazu wahlweise ein »sauberes«, »schönes« oder »freches«. Das sind doch ganz bestimmt immer Männer, die solche Überschriften in die Frauenzeitschriften schreiben – Männer, die entweder nicht kochen können oder die keine Zeit dafür haben, weswegen sie sich auch keine gescheiteren Texte ausdenken können. Vielleicht, weil sie immer nur AN DAS EINE denken.

So, bevor ich jetzt auch noch so zwinkernd wie zwingend zweideutig werde und furchtbar grantig dazu – bin ich lieber brav und höflich. Sag also bitte, liebe Texter und von mir aus auch Texterinnen, lasst das mal mit der Essen-ist-sinnlich-Nummer. Ich glaube, das wissen wir ja inzwischen schon alle, und die meisten von uns wollen das einfach nur so genießen und brauchen dazu kein sprachliches Viagra mehr, erst recht nicht, wenn es um Spargel oder Sellerie geht.

Mir reicht es jedenfalls, wenn beim Essen mein Geruchs- und Geschmackssinn ihren Frieden kriegen, anstatt »alle fünf Sinne« befriedigt zu bekommen – den fürs Poetische vielleicht auch noch dazu? Wenn Ihr also beim Texten nicht nur vorfühlt, sondern auch nachdenkt, bin ich zufrieden.

Was mach' ich jetzt mit … … Kraut?

»500 g Weißkraut« steht im Rezept. Nun wiegt der Kohlkopf aber doppelt so viel, und einmal Krautsalat reicht eigentlich für diese Woche. Was mache ich mit dem Rest? Einfachste Möglichkeit: aufheben. In einer Plastiktüte (ein bisschen Luft reinblasen) im Gemüsefach hält sich der Kopf mindestens 1 gute Woche. Und sonst?

1. Das Kraut nochmals teilen. Strunk und die dicken Blattrippen aus diesen Vierteln schneiden und den Rest dann fein hobeln oder in Streifen schneiden. Das kann nun zum Beispiel mit anderen Gemüsen im Wok gebraten werden.
2. Oder man macht zusammen mit Knoblauch, Ingwer und Currypaste sowie Kokosmilch und Gemüsebrühe ein richtig gutes Curry daraus.
3. Die Streifen können aber auch in Butter leicht bissfest gebraten werden. Dann kommen Eier dran und das Ganze wird wie eine Tortilla auf kleinster Hitze mit Deckel in der Pfanne (möglichst antihaftbeschichtet) gestockt.
4. Ein weiteres Highlight sind Krautfleckerl: Die beiden Viertel wie oben vorbereiten, dann aber statt in Streifen in Plättchen schneiden. Diese mit Zwiebeln, Speck und Kümmel andünsten, mit Brühe schmoren, dazu am Ende in kleine Stücke gebrochene und vorgegarte Bandnudeln geben. Abschmecken und mit ein paar Klecksen Quark vollenden.

Was heißt denn … …glacieren?

Gerne mit kleinem »c« geschrieben (glasieren geht auch), weil das so schön nach Frankreich klingt. Von dort kommt dieser Küchenbrauch, etwas beim Garen mit Glanz zu überziehen. Dies geschieht meist an der Schnittstelle zwischen Dünsten und Braten, wenn die Flüssigkeit fast ganz reduziert ist und das zum Ansetzen verwendete Fett (oder frisch zugegebenes) das Gegarte mit einer aromatischen, leicht schimmernden Schicht überzieht, die auch etwas Bindung gibt – das aber nur kurz.

Am bekanntesten sind glacierte Möhren: mit Wasser, Butter und Zucker (gibt noch mehr Glanz) gegart, am Ende kommt frische Butter dazu – zum Glacieren bei sanfter Hitze. In Profiküchen werden auf diese Weise vorgegarte Gemüse erneut erhitzt und dabei glaciert. Aber auch Knochen können samt ihrem Bratsatz, Schmorbraten mit ihrer Sauce und Steaks mit frischer Butter glaciert werden. Und wenn Zuckerguss oder Gelee über Süßes oder Früchte kommt, heißt das in der Küche ebenfalls: glacieren. Oder eben: glasieren.

Provenzalische Auberginen

Schmecken nach Urlaub im Süden

Zutaten für 4 Personen:
4 Knoblauchzehen | 6 EL gutes Olivenöl
1 Dose Tomatenfruchtfleisch (800 g Inhalt)
1 kleine Chilischote oder 1/4 TL Cayennepfeffer
Salz | Pfeffer aus der Mühle
2 feste Auberginen
etwa 1/4 l Pflanzenöl zum Ausbacken
Saft von 2 Zitronen | 1 Schuss Weißweinessig | reichlich Basilikum

Zubereitungszeit: 40 Minuten
+ 2–12 Stunden Marinieren
Kalorien pro Portion: 320 kcal

1_Knoblauch schälen und fein hacken. Das Olivenöl in einem breiten Topf auf mittlerer Stufe erhitzen, Knoblauch einstreuen und kurz sanft anbraten. Das Tomatenfruchtfleisch einrühren. Die Chili waschen, entstielen, entkernen und zur Sauce geben oder mit Cayennepfeffer würzen. Salzen und pfeffern, im offenen Topf etwa 20 Minuten köcheln lassen.

2_Inzwischen die Auberginen waschen und die Stielansätze abschneiden. Die Auberginen längs in dünne Scheiben schneiden – nicht breiter als 1/2 cm.

3_In einer großen Pfanne daumenhoch Öl zum Ausbacken erhitzen. Portionsweise Auberginenscheiben hineingeben, jede Seite in etwa 1 Minute knusprig braten. Dabei aufpassen, dass sie nicht zu dunkel werden. Gebratene Scheiben auf Küchenpapier abtropfen lassen, mit Zitronensaft beträufeln, leicht salzen und pfeffern.

4_Die Tomatensauce vom Herd nehmen, eventuell zwei- bis dreimal mit einem Pürierstab durchmixen (muss aber nicht sein). Mit Essig würzen, Basilikumblätter in feine Streifen schneiden, untermischen.

5_In eine breite Form abwechselnd Sauce und Auberginenscheiben einschichten. Zugedeckt abkühlen und durchziehen lassen.

TIPPs

Superleckere Vorspeise oder Beilage zu gebratenem Hühnchen, Kalbskotelett oder gegrilltem Fisch.
Wer Fenchelgeschmack liebt: noch 1 TL Fenchelsamen in der Sauce mitköcheln.

Zucchini-Krapfen

Ganz frisch essen!

Zutaten für 4 Personen:
2 kleine, feste Zucchini (400 g)
Salz | Pfeffer aus der Mühle
1 EL Olivenöl | 3 Eier (Größe M)
etwa 100 g Mehl
4–5 Minzeblätter
1/2 TL abgeriebene Bio-Zitronenschale
etwa 1/2 l Öl oder Butterschmalz zum Frittieren

Zubereitungszeit: 45 Minuten
Kalorien pro Portion: 465 kcal

1_Die Zucchini waschen, putzen und mit der groben Gemüsereibe in eine Schüssel raspeln. Salzen und pfeffern, das Öl untermischen.

2_Die Eier trennen, das Eigelb unter die Zucchiniraspel rühren. Esslöffelweise das Mehl dazugeben und untermengen. Die Minze waschen, trockentupfen und fein hacken, mit Zitronenschale unterrühren. Nun Eiweiß zu steifem Schnee schlagen, ein Drittel davon kräftig unterrühren, den Rest nur locker unterziehen.

3_Das Öl oder Schmalz zum Frittieren in einem großen Topf heiß werden lassen. (Temperaturprobe: an einem hineingetauchten Holzlöffelstiel steigen sofort kleine Bläschen auf.)

4_Nach und nach mit zwei Esslöffeln Nocken aus der Zucchinimasse formen, in das heiße Fett gleiten lassen rundum goldbraun und knusprig frittieren. Das dauert etwa 4–5 Minuten.

5_Die Krapfen mit dem Schaumlöffel aus dem Fett holen und gut auf Küchenpapier abtropfen lassen. Sofort servieren.

TIPP

Die kleinen, pikanten Krapfen schmecken hervorragend zu kalter Tomatensauce (siehe Seite 91) oder als warme Krönung eines bunten Salats mit Jogurt-Dressing.

Champignons puttanesca

Gut vorzubereiten

Zutaten für 4 Personen:
4 EL Olivenöl | 1/2 Bio-Zitrone
2 Kugeln Mozzarella (je 125 g)
300 g große Champignons
4 in Salz eingelegte Sardellenfilets
2 Knoblauchzehen
1/2 Bund Petersilie
50 g schwarze Oliven (naturell oder nach Geschmack gewürzt, aber möglichst schon ohne Stein)
2 EL Kapern
2 EL Semmelbrösel
Pfeffer aus der Mühle

Zubereitungszeit: 30 Minuten
+ 30 Minuten Garen
Kalorien pro Portion: 295 kcal

1_Den Backofen auf 225 Grad (Umluft 200 Grad) vorheizen. Eine hitzebeständige Form mit 1 EL Olivenöl ausstreichen. Die halbe Zitrone heiß waschen, Schale fein abreiben und den Saft auspressen. Die Mozzarellakugeln abtropfen lassen und in Scheiben schneiden.

2_Pilze kurz waschen und mit Küchenpapier gut abreiben. Stiele rausdrehen, nur unten den Anschnitt abschneiden. Den Rest der Stiele fein hacken und in eine Schüssel geben, mit der Zitronenschale und dem Zitronensaft mischen. Die Champignonköpfe in dicke Scheiben schneiden, abwechselnd mit den Mozzarellascheiben in die Form schichten.

3_ Die Sardellenfilets kalt abspülen, mit Küchenpapier abtrocknen. Knoblauch schälen, Petersilie waschen und trockenschütteln und die Blätter abzupfen. Oliven mit Stein natürlich noch entsteinen. Alle diese Zutaten und auch die Kapern fein hacken und mit den Pilzstielen mischen. Semmelbrösel dazugeben, die Mischung über Pilzen und Mozzarella verteilen und pfeffern, alles mit übrigem Öl beträufeln.

4_Die Form in den Ofen (Mitte) schieben, Pilze etwa 30 Minuten überbacken.

TIPP

Gut einfach solo zu Brot – oder als Beilage zu Ofenkartoffeln, aber auch zu Braten oder zu gegrilltem Fisch oder Steaks.

Ofen-Ratatouille

Unkomplizierte Partyküche

Das macht Gabie, wenn mehr als ein Gast kommt ... Und serviert dazu am liebsten Lammkoteletts vom Grill oder aus der Pfanne (siehe Beilagen-TIPP).

Zutaten für 6 Personen:
6 EL Olivenöl
1 große Gemüsezwiebel
4–6 Knoblauchzehen
2 kleinere Auberginen
2–3 kleine Zucchini
je 1 große rote und gelbe Paprikaschote
600 g aromatische Tomaten
Salz | Pfeffer aus der Mühle
1 Zweig Rosmarin und 4 Zweige Thymian (ersatzweise 3 EL getrocknete Kräuter der Provence)
1/4 l Gemüsebrühe
Saft von 1 Zitrone

Zubereitungszeit: 45 Minuten
+ 30–40 Minuten Garen
Kalorien pro Portion: 155 kcal

1_Den Backofen auf 180 Grad vorheizen. Einen großen Bräter mit 2 EL Olivenöl ausstreichen und bereit stellen.

2_Die Zwiebel schälen, halbieren und nicht zu fein würfeln. Knoblauchzehen schälen, halbieren und in Scheibchen schneiden (falls die Zehen innen einen grünen Keim haben, diesen entfernen).

3_Die Auberginen und Zucchini waschen, Stielansätze wegschneiden. Beides in 1–2 cm dicke Scheiben schneiden, je nach Größe nochmals halbieren oder vierteln. Die Paprikaschoten waschen, halbieren, putzen und entkernen. Die Hälften in nicht zu dünne Streifen oder nicht zu kleine Würfel schneiden. Die Tomaten waschen und achteln, dabei die Stielansätze entfernen.

4_Alles Gemüse mit Zwiebel und Knoblauch mischen und in den Bräter füllen. Dabei kräftig mit Salz und Pfeffer würzen. Die Kräuter waschen, trockenschütteln, fein hacken, auf das Gemüse streuen und untermischen. Zum Schluss die Gemüsebrühe angießen und alles mit Zitronensaft und restlichem Öl beträufeln. In den Ofen schieben (Mitte, Umluft 160 Grad) und 30–40 Minuten garen.

Der ganz besondere Beilagen-TIPP:

Lammkoteletts à la Dickhaut

Pro Person braucht es 3 Lammkoteletts (je etwa 80 g), 1 Knoblauchzehe, ein paar Zweige Mittelmeerkräuter (z. B. Rosmarin, Lorbeerblätter, Thymian), 1/2 EL Olivenöl, Salz und Pfeffer aus der Mühle.

Die Koteletts aus dem Kühlschrank holen und Zimmertemperatur annehmen lassen. Von den Knochen das Fett ablösen und hacken. Den Knoblauch schälen und längs halbieren, den grünen Keim entfernen. Die Kräuterzweige waschen und trockenschütteln, große Zweige eventuell etwas kleiner schneiden.

Das Lammfett in einer Pfanne im heißen Olivenöl 3 Minuten sanft ausbraten. Fettstücke aus der Pfanne nehmen. Knoblauch und Kräuter 1–2 Minuten bei mittlerer Hitze braten. Dann die Hitze etwas erhöhen (zwischen mittel und stark), die Koteletts hineinlegen und pro Seite 1 Minute braten. Herausnehmen und 5 Minuten ruhen lassen. Auf einer Seite salzen und pfeffern und mit dieser Seite ins mittelheiße Fett legen. 1 Minute braten, salzen und pfeffern, wenden und noch 1 Minute braten. Nun raus aus der Pfanne und weitere 5 Minuten zugedeckt ruhen lassen.

Möhren und Spargel mit Salsa verde

Sommerfrische auf dem Teller

Zutaten für 4 Personen:
Für die Salsa verde:
1/2 Bund Koriandergrün
1 großes Bund Basilikum
2 Knoblauchzehen
2–3 in Salz eingelegte Sardellenfilets
1 EL Kapern | 1–2 EL Zitronensaft
4 EL Olivenöl
Salz | Pfeffer aus der Mühle
Außerdem:
700 g junge Möhren | 3 EL Butter
2 EL Zitronensaft | 1 Prise Zucker
1 Prise Salz | 500 g grüner Spargel

Zubereitungszeit: 50 Minuten
Kalorien pro Portion: 250 kcal

1_Um am Ende nicht in Stress zu kommen, am besten erst mal die Salsa zubereiten (eine würzige grüne Sauce, die man aus Italien, Spanien und Mexiko in unterschiedlicher Machart kennt – hier eher mild statt chilischarf, passend zum zarten Gemüse). Dafür Koriander und Basilikum waschen, trockenschütteln und Blättchen abzupfen. Knoblauch schälen und hacken. Sardellenfilets abspülen und mit Küchenpapier trocknen, klein schneiden. Kräuter, Knoblauch, Sardellen und Kapern mit Zitronensaft und Olivenöl pürieren. Die Salsa mit Salz und Pfeffer abschmecken.

2_Möhren schälen und längs in kleine fingerdicke Streifen schneiden (also halbieren oder vierteln, je nach Dicke). In einem breiten Topf 2 EL Butter zerlassen, Möhren darin wenden. Dann etwa 1/8 l Wasser, Zitronensaft, Zucker und Salz dazugeben, zugedeckt etwa 5 Minuten bei geringer Hitze köcheln lassen.

3_Den Spargel waschen, die holzigen Enden abschneiden, Spargelstangen im unteren Drittel schälen. Zu den Möhren in den Topf geben, beides weitere 5 Minuten garen. Rest der Butter untermischen und eventuell noch etwas Wasser angießen. Das Gemüse soll nicht zu weich werden, sondern noch etwas Biss haben.

4_Die Gemüsestangen aus dem Topf heben und auf eine vorgewärmte Platte legen. Die Salsa verde mit 4–5 EL heißem Sud aus dem Topf verrühren und als Sauce dazu servieren.

Tomaten-Lauch-Tarte

Schön mild und auch lecker für Kinder

Zutaten für 4 Personen:
300 g Mehl | Salz
etwa 150 g sehr kalte Butter
1 dicke Stange Lauch (etwa 450 g)
200 g Kirschtomaten oder Mini-Eiertomaten | 150 g Mascarpone
2 Eier (Größe S) | 1 EL Zitronensaft
Pfeffer aus der Mühle
1 TL getrockneter Thymian

Zubereitungszeit: 1 Stunde (samt der Kühlzeit) + 35 Minuten Backen
Kalorien pro Portion: 795kcal

1_Für den Teig Mehl auf der Arbeitsfläche aufhäufen, 1/2 TL Salz drüberstreuen. Die Butter klein schneiden, auf dem Mehl verteilen. Dann alles rasch verkneten, dabei bei Bedarf noch einige Esslöffel eiskaltes Wasser oder auch noch mehr Butter untermischen, bis ein glatter Teig entsteht.

2_Den Teig zugedeckt etwa 20 Minuten kühlen. Dann ausrollen und eine nicht eingefettete Tarteform oder Springform

(28–30 cm Ø) damit auslegen, dabei einen kleinen Rand hochziehen. Teig mit der Gabel mehrmals einstechen. Im Kühlschrank noch mal 30 Minuten kalt stellen.

3_ Inzwischen in einem Topf 1–2 l Salzwasser aufkochen. Den Lauch putzen und waschen, dafür die Stangen längs halbieren und gründlich abbrausen. Quer in etwa 5 cm lange Stücke, dann längs in Streifen schneiden. Lauchstreifen ins kochende Wasser geben und 2 Minuten sprudelnd kochen lassen. In ein Sieb abgießen, kalt abbrausen, gut abtropfen lassen. Abkühlen lassen, trockentupfen.

4_Den Backofen auf 200 Grad (Umluft 180 Grad) vorheizen. Tomaten waschen und halbieren. Für den Guss Mascarpone mit Eiern und Zitronensaft glatt verquirlen (geht gut mit dem Handrührgerät oder Schneebesen). Salzen und pfeffern.

5_Die Tarte- oder Springform aus dem Kühlschrank nehmen. Die Lauchstücke auf den Teig legen, Mascarpone gleichmäßig darüber gießen. Die Tomaten mit der Schnittfläche nach oben dekorativ darauf verteilen, mit dem Thymian bestreuen. Die Gemüsetarte im Ofen (Mitte) etwa 35 Minuten backen.

Gebratener Blumenkohl

Die Erdnüsse machen's!

Zutaten für 4 Personen:
1 Blumenkohl (etwa 1 kg)
Salz
1 Bund Frühlingszwiebeln
2 rote Chilischoten
3 Knoblauchzehen
1 Stückchen frischer Ingwer (etwa 2 cm)
6 EL Öl
3 EL gesalzene, geröstete Erdnusskerne
100 ml Reiswein
2 EL helle Sojasauce
6–8 Minzeblätter
Pfeffer aus der Mühle

Zubereitungszeit: 40 Minuten
Kalorien pro Portion: 265 kcal

1_Für den Blumenkohl in einem großen Topf reichlich Salzwasser zum Kochen bringen. Blumenkohl putzen, waschen und in kleine Röschen zerteilen. Röschen ins kochende Wasser geben, 3–4 Minuten garen. Dann in ein Sieb abgießen, kalt abbrausen und gut abtropfen lassen.

2_ Die Frühlingszwiebeln waschen und putzen, längs vierteln und dann in 2 cm lange Stücke schneiden. Die Chilischoten waschen und längs halbieren, Stiele und Kerne entfernen. Schotenhälften in feine Streifen schneiden. Knoblauch und Ingwer schälen und fein hacken oder reiben.

3_Im Wok oder in einer großen tiefen Pfanne das Öl erhitzen. Frühlingszwiebeln, Knoblauch, Ingwer und Chilis darin unter ständigem Rühren 1–2 Minuten bei mittlerer Hitze anbraten. Erdnüsse dazugeben und 1 Minute mitrösten. Dann Blumenkohlröschen untermischen und weitere 2 Minuten braten. Reiswein und die Sojasauce angießen, alles noch etwa 1 Minute in der Sauce schmoren lassen.

4_Die Minzeblätter waschen, trockentupfen und fein schneiden, aufstreuen. Mit grob gemahlenem Pfeffer würzen.

TIPP

Und was passt am besten dazu? Reis natürlich! Besonders fein sind Duft- oder Basmati-Reis.

Grillkürbis mit Kräuterreis

Auch aus der Pfanne köstlich

Zutaten für 4 Personen:
150 g Langkornreis
Salz
1 Hokkaido-Kürbis
(etwa 700 g)
1 Bund Frühlingszwiebeln
250 g Mini-Eiertomaten
2 Bio-Limetten
4 EL Olivenöl
Pfeffer aus der Mühle
1/2 Bund gemischte Kräuter (z. B. Basilikum, Schnittlauch, Zitronenmelisse; ersatzweise auch 4 EL gemischte TK-Kräuter)
1 EL Butter
etwa 2 EL Currypaste (selbst gemacht, siehe Homemade Basics Seite 14 und Seite 71, oder fertig gekauft)

Zubereitungszeit: 40 Minuten
Kalorien pro Portion: 320 kcal

1_Den Reis mit der doppelten Menge Wasser und 2 TL Salz in einen Topf geben und zum Kochen bringen. Dann bei ganz kleiner Hitze etwa 15–20 Minuten zugedeckt ausquellen lassen.

2_Den Kürbis waschen, halbieren und putzen, dazu die Kerne mit einem Löffel herausschaben, Schale aber dran lassen. Den Kürbis in etwa 1 cm breite Scheiben schneiden. Frühlingszwiebeln waschen und putzen, längs halbieren. Tomaten waschen und längs halbieren. Limetten heiß waschen, 1 Limette in Spalten schneiden, zweite Limette auspressen.

3_Den Elektrogrill samt Grillrost oder die Grillpfanne auf dem Herd richtig aufheizen. Rost oder Pfanne mit Olivenöl einstreichen. Eine Portion vom Gemüse (Kürbis, Frühlingszwiebeln und Tomaten) auf den Rost oder in die Pfanne geben und etwa 5 Minuten grillen, öfter mal wenden. Leicht salzen und pfeffern, mit etwas Limettensaft beträufeln, auf eine vorwärmte Platte legen. Grillrost oder -pfanne wieder mit Olivenöl bestreichen und weitergrillen, bis alles Gemüse fertig ist. Oder zwischendurch schon frisch gegrillt servieren.

4_Die Kräuter waschen, trockenschütteln und fein hacken, mit der Butter unter den gegarten Reis mischen. Den Reis, die Currypaste und die Limettenspalten zum Grillgemüse servieren.

Fenchelgratin mit Speck

Für echte Fenchelfreunde

Zutaten für 4 Personen:
1 TL Fenchelsamen | Salz | 2 EL Olivenöl
3–4 Knollen Fenchel mit Grün (ca. 800 g)
Pfeffer aus der Mühle
8 kleine oder 4 große, in Öl eingelegte, getrocknete Tomaten (selbst gemacht, siehe Homemade Basics Seite 14, oder fertig gekauft)
125 g Frühstücksspeck (Bacon)
1 EL Mehl | 1 kräftiger Schuss Weißwein

Zubereitungszeit: 45 Minuten
+ 15 Minuten Garen
Kalorien pro Portion: 305 kcal

1_In einem Topf etwa 1 l Wasser mit Fenchelsamen und Salz aufkochen. Den Backofen auf 225 Grad (Umluft 200 Grad) vorheizen. Eine große hitzebeständige Form mit 1 EL Olivenöl ausstreichen.

2_Fenchelknollen waschen und putzen, die Stängel abschneiden, Grün beiseite legen. Die Knollen längs in fingerdicke Scheiben schneiden, in den Topf geben und 3–4 Minuten kochen. Die Scheiben mit dem Schaumlöffel herausholen, im Sieb kalt abbrausen und abtropfen lassen. (Oder das Gemüse ins Sieb abgießen und dabei den Sud auffangen). Sud aufheben. Fenchelscheiben in der Form verteilen, pfeffern. Die getrockneten Tomaten klein schneiden und darauf verteilen.

3_Die Speckscheiben in breite Streifen schneiden. In einer Pfanne bei mittlerer Hitze auslassen und anbrutzeln, übriges Öl dazugeben und den Speck knusprig braten. Speck aus der Pfanne nehmen und abgedeckt beiseite stellen. In der Speckpfanne das Mehl anschwitzen. Den Weißwein und etwa 1/4 l Fenchelsud aufgießen, kräftig mit dem Schneebesen verquirlen und zur Sauce einköcheln lassen. Mit Salz und Pfeffer abschmecken.

4_Sauce über den Fenchel gießen, im Ofen (Mitte) etwa 15 Minuten überbacken. Nach 10 Minuten die Speckstreifen darauf anrichten und mitbacken. Fenchelgrün fein hacken und aufs fertige Gratin streuen.

TIPP

Und dazu schmecken Pellkartoffeln oder einfach auch nur Brot.

Rote Bete in Nussbutter

Überraschend vielseitig

Zutaten für 4 Personen:
100 g weiche Butter
4 EL gemahlene Haselnüsse (selbst gemahlen oder so gekauft)
1 zarte Prise Zimtpulver
1 kräftige Prise weißer Pfeffer
Salz | 800 g Rote Beten
Pfeffer aus der Mühle
einige Stängel glatte Petersilie
2–3 EL guter Aceto balsamico oder auch Brombeeressig

Zubereitungszeit: 20 Minuten
+ 10–15 Minuten Garen
Kalorien pro Portion: 290 kcal

1_Butter mit den Haselnüssen verrühren, mit Zimt und weißem Pfeffer würzen. Die gewürzte Butter wieder kalt stellen.

2_In einem Topf reichlich Salzwasser zum Kochen bringen. Rote Beten waschen, die Wurzeln und Stiele wegschneiden. Die Knollen schälen (dazu unbedingt Gummihandschuhe anziehen), dann zuerst in dünne Scheiben, anschließend in kleine

Würfel schneiden. Im kochenden Wasser 2 Minuten blanchieren. Ins Sieb abgießen und kalt abbrausen, gut abtropfen lassen.

3_In einer beschichteten Pfanne 2 EL der Haselnussbutter zerlassen. Die Rote-Bete-Würfel unter Rühren darin bei mittlerer Hitze andünsten, salzen und pfeffern. Ein paar Löffelchen Wasser angießen, zugedeckt 10–15 Minuten schmoren lassen (Konsistenz probieren – das Gemüse soll weich, aber nicht verkocht sein!).

4_Petersilie waschen, trockenschütteln und die Blätter in sehr feine Streifen schneiden. Fertig gegarte Rote Beten mit dem Aceto balsamico oder Brombeeressig beträufeln. Restliche Haselnussbutter in Flöckchen darauf verteilen und langsam schmelzen lassen. Vorm Servieren mit der Petersilie krönen.

TIPP

Die nussigen Roten Beten schmecken mit Reis gemischt zum Sattessen gut, aber auch als kleine Häppchen vorm Menü. Oder als Beilage zu Wildbraten, Lammfleisch oder Rindersteaks.

Brokkoli-Wok mit Krabben

Fein und schnell

Zutaten für 2 Personen:
1 Bio-Orange
200 g geschälte Nordseekrabben
2 EL Zitronensaft
Salz
700 g sehr frischer Brokkoli
4 EL Olivenöl
Pfeffer aus der Mühle
1/8 l trockener Weißwein
frisch geriebene Muskatnuss

Zubereitungszeit: 25 Minuten
Kalorien pro Portion: 400 kcal

1_Die Orange heiß waschen und die Hälfte der Schale in feinen Streifchen abziehen oder abraspeln. Schale abgedeckt bereit stellen. Den Orangensaft auspressen. Die Krabben mit Zitronensaft und Orangensaft mischen und zugedeckt kurz durchziehen lassen.

2_Inzwischen in einem großen Topf reichlich Salzwasser zum Kochen bringen. Den Brokkoli waschen und putzen, dann in Röschen zerlegen. Den dicken Strunk schälen und klein schneiden. Strunk und die Röschen im kochenden Salzwasser 1 Minute garen. Dann ins Sieb abgießen, kalt abbrausen und sehr gut abtropfen lassen.

3_Das Olivenöl im Wok erhitzen. Brokkoli darin unter ständigem Rühren 1 Minute bei starker Hitze braten. Kräftig salzen und pfeffern, den Wein angießen und alles bei mittlerer bis schwacher Hitze 1–2 Minuten weitergaren.

4_Die Krabben mitsamt der Marinade dazugeben, mit Orangenschale bestreuen. Alles noch 1 Minute schmoren, dann mit Muskat, Salz und Pfeffer abschmecken.

im Bild: Aubergine in Papier

Basic:

Man kann Spargel kochen, Auberginen braten und Rote Bete schmoren – das ergibt dann jeweils einen ganz eigenen Geschmack. Für DEN eigenen Geschmack aber gibt's Besseres: Garen in der Hülle.

Denn in Folie, Papier, Salz- oder auch Teigmantel wird Gemüse (wie Fisch und zartes Fleisch) nur im eigenen Saft gar. In Folie bleibt der auch komplett drin – wenn sie gut verschlossen ist. Alufolie wird daher meist zweilagig und großzügig ums Gargut gelegt und zum Verschließen mehrfach gefalzt, ohne dass es zu arg spannt (die Folie bläht sich im Ofen auf).

»En papillote« werden Gemüse in Papier gegart, wobei durch die feinen Poren des Blatts die Flüssigkeit nur langsam verdampft und die Hitze gebremster eintritt. Das Ergebnis dieses sehr schonenden »Backens«: purer Geschmack, der gerne noch ein bisschen Extra-Aroma verträgt. Das Papier wird dabei innen gefettet und dann eher locker ums Gargut gelegt, wobei es fest verschlossen sein muss.

Garen im Salzmantel geht mit Fisch und Huhn, aber auch mit Kartoffeln, Zwiebeln oder Roten Beten. Die haben zum Schutz vor zu viel Salz eine eigene Hülle, die sich nach dem Aufklopfen der Teigkruste auch ganz leicht abpellen lässt. Dazu ein Stückchen Butter – hmmm ...

In der Hülle garen

Spargel in Folie

Kein Binden, viel Aroma

Zutaten für 4 Personen:
1 1/2 kg weißer Spargel
4 Frühlingszwiebeln
100 g Butter | Salz | Zucker
8 Bogen Alufolie (40 x 40 cm)

Zubereitungszeit: 30 Minuten
+ 35–45 Minuten Garen
Kalorien pro Portion: 245 kcal

1_Je 2 Bogen Alufolie übereinanderlegen, mit der glänzenden Fläche nach unten. Vom Spargel die Enden schneiden, die Stangen schälen. Frühlingszwiebeln putzen, waschen, auf Spargellänge stutzen.

2_Backofen auf 200 Grad vorheizen und die Butter zerlassen. Die Folie mit etwas Butter bestreichen. Spargelstangen mit je 1 Zwiebel darauf verteilen, salzen und mit je 1 Prise Zucker bestreuen. Die Folie von beiden Stangenenden her locker über den Spargel legen, Längseiten hoch ziehen, übrige Butter über den Spargel verteilen.

3_Folienenden oben zusammenlegen und mehrmals umfalzen, bis das Päckchen gut verschlossen, aber nicht zu stramm gepackt ist. Spargel im Ofen (Mitte, Umluft 180 Grad) je nach Dicke 35–45 Minuten garen und dann direkt am Tisch öffnen – duftet umwerfend gut!

TIPP: Grünen Spargel waschen und nur Enden kappen, 25–30 Minuten garen.

Aubergine in Papier

Oder: Lasagne im Päckchen

Zutaten für 4 Personen als Vorspeise:
1 große Aubergine (400 g) | Salz
150 g in Öl eingelegte Paprikaschoten (selbst gemacht, siehe Homemade Basics Seite 15, oder fertig gekauft) | 2 Kugeln Mozzarella (je 125 g) | 100 g Paprikasalami | Pfeffer aus der Mühle | 4 Stängel Petersilie | 4 große Bogen Backpapier (30 x 30 cm) | Küchengarn

Zubereitungszeit: 45 Minuten
+ 25–30 Minuten Garen
Kalorien pro Portion: 255 kcal

1_Aubergine waschen, putzen, in knapp 1 cm dicke Scheiben schneiden. Mit 1 TL Salz mischen, in einem Sieb 30 Minuten abtropfen lassen. Inzwischen Paprika, Mozzarella und die Salami würfeln, alles mischen, pfeffern. Petersilie waschen und trockenschütteln, Blätter abzupfen.

2_Den Backofen auf 200 Grad (Umluft 180 Grad) vorheizen. Auf jeden Papierbogen 1 Auberginenscheibe legen, darauf etwas Mozzarellamischung und Petersilie geben. Je 1 Auberginenscheibe, noch etwas Füllung und 1 Auberginenscheibe darauf geben. Papier um die Auberginentürmchen hochschlagen, eindrehen und mit Küchengarn zubinden.

3_Die Päckchen aufs Blech setzen und im Ofen (Mitte) 25–30 Minuten garen.

Rote Bete in Salzkruste

Klopf, klopf, wie schmeckt's?

Nicht nur Fisch wie etwa die Lachsforelle kann in Salz gebacken werden, auch mit robustem Gemüse geht das toll.

Zutaten für 4 Personen:
8 nicht zu große Rote Beten (je 50 g)
2 kg Speisesalz | 2 Eiweiße (Größe M)

Zubereitungszeit: 15 Minuten
+ 1 Stunde Garen
Kalorien pro Portion: 35 kcal

1_Backofen auf 200 Grad vorheizen. Die Roten Beten waschen, Wurzeln stutzen – aber nicht in die Schale schneiden! Salz, Eiweiß und 15o ml Wasser mischen. Etwa die Hälfte der Salzmasse in einer passenden ofentauglichen Form 3 cm dick verstreichen. Rote Beten leicht reindrücken und mit der übrigen Masse bedecken.

2_In den Ofen (Mitte, Umluft 180 Grad) schieben und die Beten 1 Stunde garen. Dann am Tisch die Kruste aufklopfen, Beten flutschen lassen und genießen.

Basic-TIPP

Traditionell wird Meersalz (grob, feucht, teuer) empfohlen, das knusprig machende Luft ans Essen lässt. Braucht's hier nicht, wir nehmen günstiges Speisesalz.

Fleisch

Keine Angst vorm Kotelett – es tut nichts, wenn man gut zu ihm ist. Was zunächst einmal für die Leute gilt, die als allererstes mit ihm zu tun haben: für die Bauern, die das Tier fürs Fleisch wohlerzogen leben lassen; für die Metzger, die seine Stücke sorgfältig behandeln und verwandeln; für die Händler, die ein Steak nicht nur als Stückgut betrachten.

Wenn wir für solche Leute nicht nur Respekt, sondern auch ein wenig mehr Geld übrig haben, müssen wir uns um böses Billigfleisch nicht mehr so viele Sorgen machen. (Es muss ja nicht jeden Tag Braten sein.) Und wird aus diesem Respekt einer fürs Huhn, Kalb oder Schwein, verstehen wir uns auch gleich viel besser mit dem Fleisch in unserer Küche – ob Lamm- oder Ochsenkotelett. Die Erfolgsrezepte für solch eine geglückte Beziehung stehen hier.

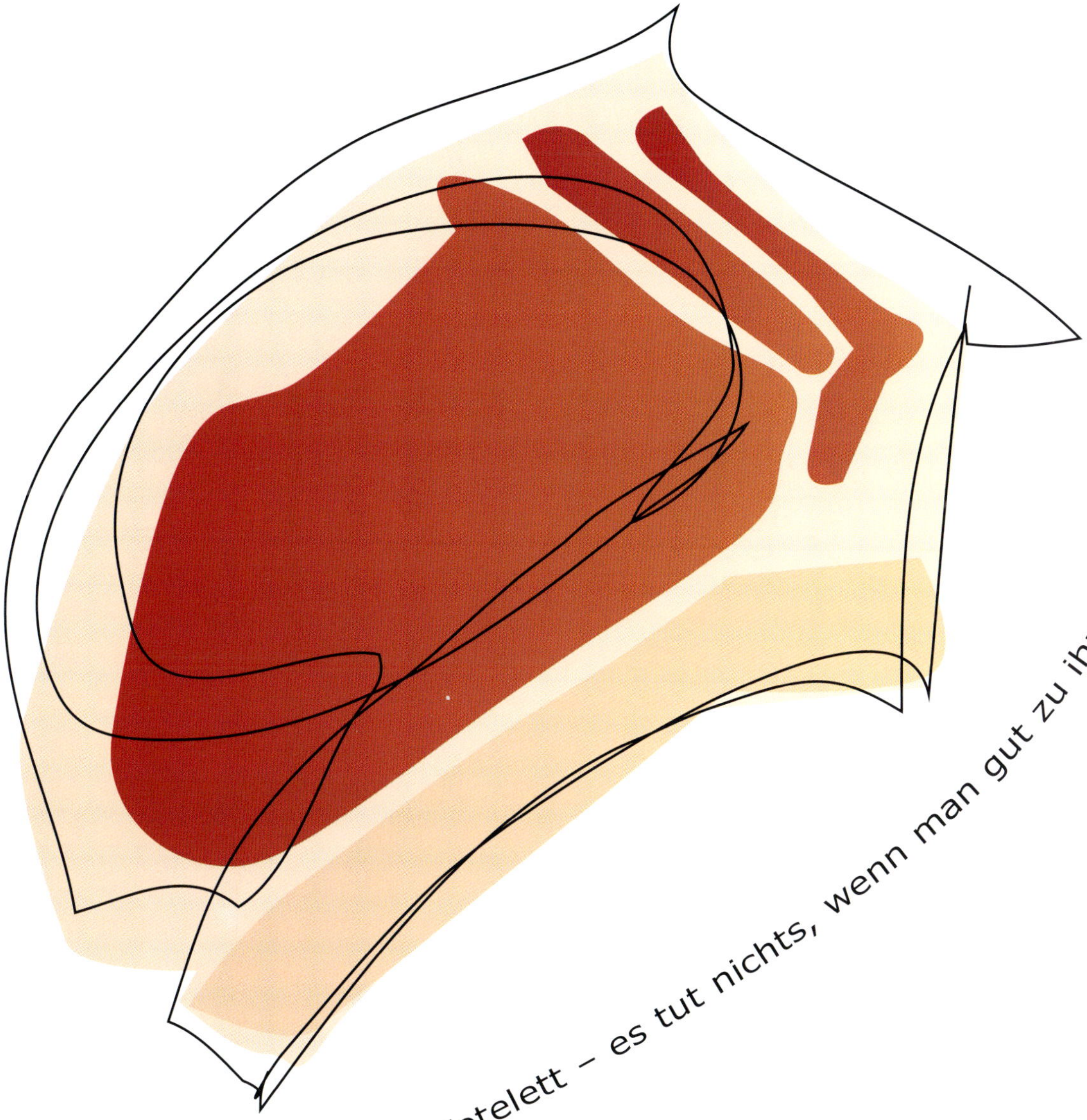

Keine Angst vorm Kotelett – es tut nichts, wenn man gut zu ihm ist.

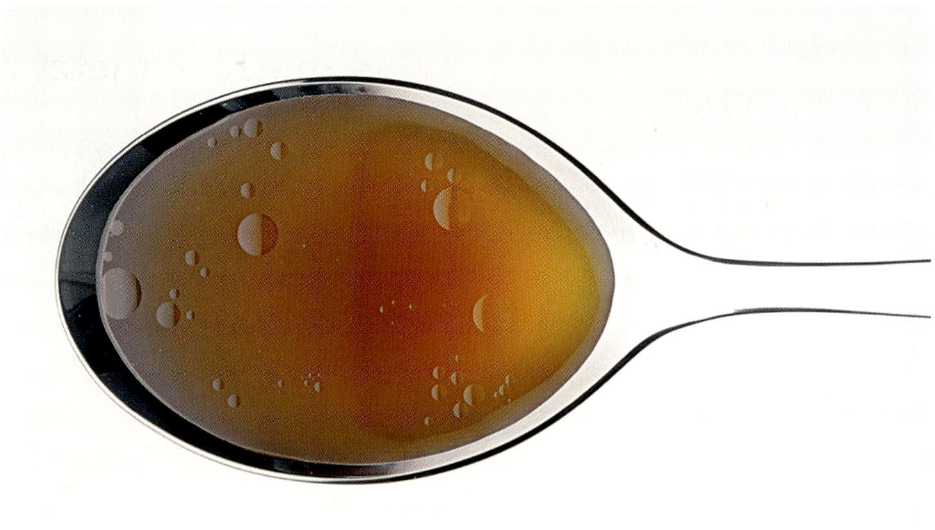

Das Fleisch-Quiz

Aus welchem Teil und von welchem Tier stammt das Fleisch für diese Gerichte?

1. Schinken im Brotteig	☐ Rinderrücken
2. Châteaubriand	☐ Kalbskopf
3. Gulasch	☐ Lammrücken
4. Lammkrone	☐ Schweinebauch
5. Griebenschmalz	☐ Kalbskeule
6. Mockturtle-Suppe	☐ Rinderwade
7. Wiener Schnitzel	☐ Rinderrücken
8. Porterhouse Steak	☐ Schweinekeule

1. Schinken kommt aus der Schweinekeule (Vorderschinken: Schulter) | 2. Châteaubriand ist ein doppeltes Steak aus dem Rinderfilet im Rücken | 3. Gulasch – aus der Rinderwade (Wadschinken) | 4. Lammkrone wird aus Rippen und Fleisch des Lammrückens geformt | 5. Griebenschmalz macht man aus fettem Schweinebauch | 6. Mockturtle: falsche Schildkrötensuppe aus Kalbskopf | 7. Wiener Schnitzel – perfekt aus der Kalbsnuss (Keule) | 8. Porterhouse Steak wird aus dem Rinderrücken mit Knochen und Filet geschnitten.

Der letzte Pfiff

Schnell 'ne kurze Sauce

Die im Restaurant haben es einfach: braten ihr Steak, legen es zur Ruhe, nehmen sich einen Schöpfer von der über Tage eingekochten Sauce im Riesentopf und zaubern da was draus. Und wie können wir eine schöne Sauce zu unserem Steak in Kürze hinkriegen?

Das Prinzip ist immer das gleiche: Steak raus aus der Pfanne und zwischen zwei Teller zum Ruhen geben. Nun sind gute 5 Minuten Zeit für die Sauce. Dazu wird erst einmal ein Ansatz im Bratsatz (was beim Steakbraten am Pfannenboden hängen geblieben ist) gemacht, der dann abgelöscht und losgekocht wird. Dabei entsteht die Sauce. Für Aroma und Bindung gibt es eine ganze Reihe von Möglichkeiten. Aber fangen wir von vorne an:

Ist der Bratsatz nicht zu dunkel und bitter, kann man ihn mitverwenden. Das alte Fett abgießen und neues dazugeben. Darin dann kleine Gemüsestückchen anbraten bzw. andünsten: Auberginen, Fenchel, Gurken, Kürbis, Lauch, Mais, Möhren, Paprika, Pilze, Spargel, Tomaten, Zucchini und eigentlich fast immer Zwiebeln oder Schalotten.

Dazu können noch Sardellen, Salami oder Speck kommen (mit in den Ansatz) oder Kapern, Oliven, getrocknete Tomaten (zum letzten Saucen-Finish). Ebenso dürfen gleich zu Beginn Gewürze (Curry, Fenchel, Kümmel, Paprika, Pfeffer, Senf, Wacholder) und robuste Kräuter (Bohnenkraut, Oregano, Rosmarin, Salbei, Thymian) mit dran. Abgelöscht und losgekocht werden kann mit der passenden Brühe, Wasser, Wein und Gemüsesäften. Das alles flott einkochen lassen und entweder durch Pürieren binden oder mit etwas fein geriebener, roher Kartoffel, eingeweichtem Brot, kalten Butterstückchen. Vielleicht noch zarte Kräuter zum Abrunden dazu, fertig.

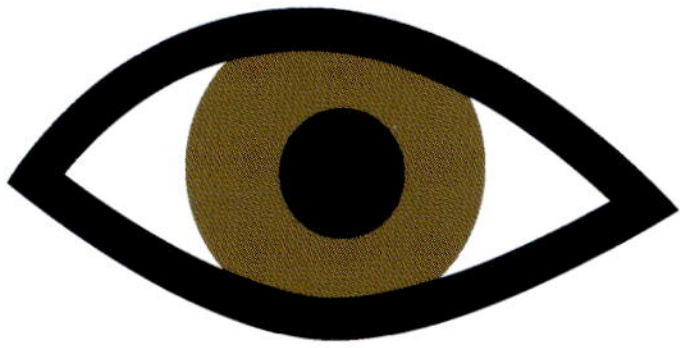

Tante Ilse über

»Ich liebe es«

Liebe Kinder,

Eure Eltern – die lieben Euch. Den einen oder anderen in ihrer eigenen Familie auch, irgendwie. Und sich selbst, hoffentlich. Ja, es kann sogar sein, dass Ihr später im Leben jemanden trefft, der Euch liebt und Ihr ihn oder sie auch, obwohl Ihr gar nicht miteinander verwandt seid. Das wird schön, sage ich Euch, und es ist ein großes Glück.

Deswegen solltet Ihr vorsichtig mit der Liebe umgehen und sie nicht sinnlos verschenken. Wer zu einem Star oder zu einer Bar sagt: »Ich liebe es«, der droht, sich unglücklich zu machen – weil die Bar einen nicht zurücklieben wird. Und der Star meistens auch nicht (höchstens man ist selber einer, aber wir wissen ja, wie lange solche Beziehungen halten). Darum habe ich meinen Kindern immer gesagt: »Liebt nur, was euch auch lieben könnte.« Und mit einem Hamburger ist nun mal schlecht knutschen.

Das gilt natürlich auch umgekehrt: »Ich hasse Lakritz!« – was für ein dummer Satz. Ich meine, man sollte so wenig wie möglich hassen, und wenn – dann doch bitte nicht so was wie Lakritz! Das ist dem nämlich völlig egal. Und außerdem kann ich das gar nicht verstehen. Weil – Lakritz, das ist doch einfach nur GEIL! Ja, liebe Eltern, ich bin ja schon still.

Was mach' ich jetzt mit … … kaltem Braten?

Der Sonntag ist vorbei und von dem echt tollen Braten ist immer noch was da. Kann ich mir den Aufwärmen? Und was kann ich denn noch damit machen?

1. Zum Aufwärmen Braten aufschneiden, mit Sauce übergießen und zugedeckt im Ofen bei 120 Grad 30 Minuten wärmen.
2. Bei gutem Braten immer sehr gut: das Bratenbrot. Drunter kommt würzig-aromatische Butter, drüber etwas feines Eingelegtes, fertig ist die Brotzeit.
3. Der Klassiker: Bratensalat. Der ganz große Klassiker ist da der »Teufelssalat« mit einem Dressing aus Ketchup, Tabasco, Worcester und Olivenöl mit gedünsteten Paprika- und Zwiebelwürfeln. Geht aber auch mit Zitronendressing, Salatgurken und Dill. Oder mit Reisnudeln, Erbsen und Soja-Limetten-Dressing. Ganz fein: Bratentatar aus den gleichen Zutaten, nur feiner geschnitten.
4. Herrlich deftig – das Bratenschmalz: Zwiebeln in etwas Gänseschmalz bräunen, dann mit klein geschnittenem Braten und frischem Gänseschmalz (Verhältnis 1: 1) mischen, kräftig pfeffern. Salz kommt dann erst auf dem Brot dazu.
5. Unwiderstehlich – das Bratenomelett: Braten klein schneiden, mit Champignonscheiben, Pinienkernen und geriebenem Parmesan mischen. Eierkuchen backen, mit Braten füllen und zusammenklappen.

Was heißt denn … …farcieren?

Theatergänger wissen, was sie an ihrer Farce haben – Witz, der im besten Fall so derb und dunkel funkelt, wie es sich für diese spöttische Einlage aus den Archiven des französischen Theaters gehört. Weil Theatergänger auch gerne gut essen gehen, stutzen sie bei dem Begriff »Farce« im Lokal nur selten – wissen sie doch, dass damit eine feine Masse aus Fleisch oder Fisch für Terrinen und Klößchen gemeint ist.

Früher aber war die Farce in der Küche Frankreichs vor allem eine Füllung aus gehacktem Fleisch für Geflügel, Braten und Pasteten – also ebenso wie im französischen Theater eine Einlage. Die kulturelle wie die kulinarische Farce haben ihren Ursprung im Lateinischen, wo »farcire« so viel wie »hineinstopfen« heißt. Farcieren ist also das Füllen mit einer Farce, nicht das Herstellen. Doch genau das ist meistens der komplizierteste Teil an so einem Gericht – so wie auf der Bühne das Komische auch meist das Schwierigste ist.

Hühner-frikassee

Feiner Klassiker

Zutaten für 4 Personen:
2 Möhren | 2 Stangen Staudensellerie
3 Frühlingszwiebeln | 2 Knoblauchzehen
1 Bio-Zitrone | 2–3 Stängel Liebstöckel (ersatzweise Petersilie) | Salz
1 TL Pfefferkörner | 1 Poularde oder Hähnchen (etwa 800 g) | 2 EL Butter
2 EL Mehl | 1/8 l Weißwein
frisch gemahlener Pfeffer
frisch geriebene Muskatnuss
2 EL Kapern | 1 Bund Basilikum

Zubereitungszeit: 45 Minuten
+ 1 1/2 Stunden Garen
Kalorien pro Portion: 270 kcal

1_Das Gemüse schälen oder waschen und putzen, klein schneiden. Den Knoblauch schälen und halbieren. Die Zitrone heiß waschen, Schale als Spirale abschälen, das Fruchtfleisch in Scheiben schneiden. Alles in einen Suppentopf geben, 1 1/2 l Wasser angießen. Liebstöckel waschen und mit 2 TL Salz und den Pfefferkörnern hineingeben, zum Kochen bringen. Ohne Deckel 10 Minuten kräftig kochen lassen.

2_Hitze reduzieren. Poularde oder Hähnchen abbrausen und in den Topf geben. Es sollte knapp bedeckt sein (eventuell heißes Wasser nachgießen). Bei halb aufgelegtem Deckel und mittlerer Hitze etwa 1 1/2 Stunden sanft garen, nicht kochen.

3_Poularde oder Hähnchen aus dem Topf nehmen und abkühlen lassen. Topfinhalt durch ein feines Sieb gießen, Brühe auffangen und bereit halten. Wenn sich das Fett oben absetzt, mit einem Löffel abschöpfen. Das Fleisch von den Knochen lösen und in kleine Häppchen schneiden.

4_In einem breiten Topf Butter zerlassen, Mehl einstreuen, kurz durchrühren und hellbraun werden lassen. Dann nach und nach Wein und etwa 300 ml der Brühe angießen. Mit dem Schneebesen kräftig schlagen, damit keine Klümpchen entstehen. Sauce unter Rühren bei geringer Hitze 5–10 Minuten sanft köcheln lassen.

5_Helle Sauce mit Salz, gemahlenem Pfeffer und Muskat abschmecken. Das Geflügelfleisch hineingeben und heiß werden lassen, aber nicht mehr kochen. Die Kapern untermischen und alles noch mal abschmecken. Basilikumblätter fein schneiden und aufs Frikassee streuen.

Chili-Ingwer-Hähnchen mit Polenta-Kruste

Außen knusprig, innen zart

Zutaten für 4 Personen:
700 g Hähnchenbrustfilet
1 Stückchen frischer Ingwer (etwa 2 cm)
1/2–1 TL Chilipulver (je nach Schärfe)
Pfeffer aus der Mühle | Saft von 1 Zitrone
100 g Joghurt | 100 g saure Sahne
je 3 Stängel Basilikum und Dill | Salz
1 Radicchio | 2–3 EL Mehl
2 Eier (Größe S) oder 1 Ei (Größe L)
6 EL Olivenöl | 6 EL Polenta-Grieß
3–4 EL Aceto balsamico (hier praktisch: aus der Sprühflasche)

Zubereitungszeit: 45 Minuten
Kalorien pro Portion: 330 kcal

1_Das Hähnchenbrustfilet in drei bis vier Portionsstücke schneiden, dicke Stücke einmal quer einschneiden und aufklappen. Ingwer schälen und sehr fein hacken oder reiben. Mit Chili, Pfeffer und Zitronensaft (etwa 1 TL für den Dip zurückbehalten) verrühren. Filetstücke damit begießen, mindestens 10 Minuten ziehen lassen.

2_ Inzwischen Joghurt mit saurer Sahne verrühren. Die Kräuter waschen, trockenschütteln, fein hacken und unterrühren. Mit Salz und dem übrigen Zitronensaft würzen. Dip kühl stellen. Den Radicchio in die einzelnen Blätter zerlegen, waschen und gut trockenschütteln. Blätter kleiner zupfen oder in Streifen schneiden und auf vier Teller verteilen.

3_Drei tiefe Teller nebeneinander stellen. In den ersten das Mehl füllen, im zweiten Eier oder Ei mit 1 EL Öl verquirlen, in den dritten den Polenta-Grieß geben. In einer großen Pfanne übriges Öl gut heiß werden lassen. Den Radicchio mit Essig beträufeln (noch besser: besprühen).

4_Die Hähnchenstücke leicht salzen und danach panieren: Dafür erst in dem Mehl wenden, leicht schütteln, damit das überschüssige Mehl wieder abfällt. Dann im Ei wenden, zuletzt im Polenta-Grieß wälzen. Gleich ins heiße Öl in die Pfanne legen und bei mittlerer Hitze 2 Minuten braten, wenden und weitere 2 Minuten braten. Nochmals wenden und in 2 Minuten fertig braten. Die Stücke sollen rundum schön goldbraun sein. Auf Küchenpapier kurz abtropfen lassen, auf das Radicchiobett legen und dazu den Jogurt-Dip servieren.

Ofen-Kaninchen mit Balsamico-Zwiebeln

Fürs Genuss-Kochen am Wochenende

Zutaten für 4 Personen:
1 kg Portionsstücke vom Kaninchen (mit den Knochen)
100 g durchwachsener roher Speck
4 EL Olivenöl
1/4 l trockener Weißwein
Salz | Pfeffer aus der Mühle
1 Zweig frischer Thymian (ersatzweise 1 TL getrockneter Thymian)
150 g frische Perlzwiebeln oder kleine Schalotten
4 EL Aceto balsamico

Zubereitungszeit: 20 Minuten
+ 55 Minuten Garen
Kalorien pro Portion: 600 kcal

1_Den Backofen auf 180 Grad vorheizen. Die Kaninchenteile gründlich abspülen und mit Küchenpapier gut abtrocknen. Den Speck in feine Streifen schneiden.

2_In einem Bräter auf der Herdplatte 3 EL Olivenöl langsam erhitzen. Die Speckstreifen einrühren und so lange sanft anbraten, bis das Fett ausgelassen ist. Nun alle Kaninchenteile dazugeben und rundum kräftig anbraten.

3_Wein angießen, mit Salz und Pfeffer würzen. Den Thymian abbrausen und trockenschütteln, Blättchen vom Zweig streifen und zum Kaninchen geben. In den Ofen (Mitte, Umluft 160 Grad) schieben und etwa 40 Minuten schmoren lassen.

4_Perlzwiebeln oder Schalotten schälen, aber nicht zerteilen. Das restliche Öl in einer beschichteten Pfanne erhitzen. Die Zwiebeln oder Schalotten einrühren und bei geringer Hitze hellbraun anbraten. Salzen und pfeffern, mit dem Balsamessig ablöschen. Vom Herd nehmen. Nach den 40 Minuten Garzeit zum Kaninchen mit in den Bräter geben und alles zusammen in etwa 15 Minuten fertig schmoren.

TIPP

Als Beilage passen gut die Ofenkartoffeln von Seite 139 (dort sind sie die Beilage zu den Forellen auf Ofengemüse).

Schnitzel-Wok

Pfannenfrisches für den Alltag

Zutaten für 2 Personen:
2 gute Schweineschnitzel (etwa 300 g)
200 ml Fleischbrühe oder -fond
(aus dem Glas) | 1 EL Weißweinessig
1 EL Senf | 2 EL Crème fraîche
Salz | Pfeffer aus der Mühle
1 Prise Zucker | 1 Stange Lauch
1 große gelbe Paprikaschote
3 EL Sonnenblumenöl | 1 EL Kapern

Zubereitungszeit: 30 Minuten
Kalorien pro Portion: 555 kcal

1_Die Schnitzel längs halbieren, dann quer zur Faser in 1 cm dicke Streifen schneiden. Die Brühe oder den Fond mit Essig, Senf, Crème fraîche, Salz, Pfeffer und Zucker verquirlen und bereit stellen.

2_Lauch längs aufschlitzen und außen und innen gründlich waschen, welkes Grün und Wurzeln wegschneiden. Die Stange quer in sehr feine Scheibchen schneiden. Paprikaschote waschen und halbieren, die Kerne und Trennwände entfernen. Paprikahälften in breite Streifen, dann in nicht zu kleine Stücke schneiden.

3_Den Wok erhitzen, 2 EL Öl darin richtig heiß werden lassen. Zuerst das Fleisch darin portionsweise unter Rühren scharf anbraten. Salzen und pfeffern, das angebratene Fleisch herausnehmen und abgedeckt warm halten.

4_Restliches Öl in den Wok gießen, Lauchstreifen und Paprikastücke unter Rühren anbraten. Die gewürzte Brühe angießen und alles 3 Minuten kräftig köcheln lassen.

5_ Die Hitze im Wok reduzieren, Fleischstreifen unters Gemüse mischen. Alles zusammen 1–2 Minuten weiterbraten, bis das Fleisch durch ist (einfach mal ein Stückchen probieren). Die Kapern einstreuen, abschmecken – und fertig!

TIPPs

Dazu schmecken die Zitronenbutter-Kartoffeln (siehe Seite 88) oder ganz pur Duft- oder Basmati-Reis.
Gutes Schweinefleisch bekommt man beim Metzger seines Vertrauens – oder auch im Bio-Fleischladen. Kennzeichen: kernig und rosig, statt blass und wässrig muss es sein.

Kalbsleber mit Feigen

Zarte Häppchen auf die Schnelle

Zutaten für 2 Personen:
2 frische Feigen
2 EL Aceto balsamico
1 Salbeiblatt (geht aber auch ohne)
2 Scheiben feiner luftgetrockneter Schinken (z. B. Parmaschinken)
2 Scheiben Kalbsleber(etwa 250 g, am besten vom Metzger des Vertrauens oder aus dem Bio-Laden)
2 EL Butter
1/8 l Rotwein
Salz | frisch geriebene Muskatnuss
Pfeffer aus der Mühle

Zubereitungszeit: 30 Minuten
Kalorien pro Portion: 460 kcal

1_Backofen auf 80 Grad (Umluft 60 Grad) vorheizen und zwei Teller hineinstellen. Die Feigen waschen und die harten Stiele abschneiden, das Fruchtfleisch in kleine Würfel schneiden. In eine Schüssel geben, mit Aceto balsamico mischen und das Salbeiblatt dazulegen. Den Schinken in breite Streifen schneiden.

2_Die Leberscheiben kalt abspülen und mit Küchenpapier abtrocknen. In kleine Portionshäppchen schneiden, dabei alle Röhren entfernen. Eine beschichtete Pfanne erhitzen. Butter darin bei mittlerer Hitze schmelzen und aufschäumen lassen. Leberstückchen in die Butter legen und rundum 1–2 Minuten braten. Die Stückchen aus der Pfanne heben und auf die vorgewärmten Teller im Backofen legen.

3_Den Schinken in der Pfanne ganz kurz anbrutzeln, herausnehmen und auf die Leberstückchen im Ofen geben. Dann die marinierten Feigen samt Salbeiblatt und Wein in die Pfanne rühren und etwa 2 Minuten kräftig köcheln lassen, bis die Flüssigkeit etwas eingekocht ist. Mit wenig Salz und Muskat und viel frisch gemahlenem Pfeffer würzen. Salbeiblatt entfernen, Feigensauce über die Leberstückchen gießen und gleich servieren.

TIPP

Dazu gibt's am besten ganz viel herrlich knuspriges Weißbrot.

Lammragout mit grünem Pfeffer

Perfektes Gästeessen

Zutaten für 4 Personen:
1 kg Lammfleisch (aus Keule oder Schulter, ohne Knochen)
2 Zwiebeln | 3 Knoblauchzehen
3 EL Olivenöl | 2–3 EL Tomatenmark
1/8 l trockener Weißwein
etwa 200 ml Lamm- oder Geflügelfond (aus dem Glas)
Salz | Pfeffer aus der Mühle
frisch geriebene Muskatnuss
2 TL grüne Pfefferkörner (aus dem Glas)
1 TL abgeriebene Bio-Orangenschale

Zubereitungszeit: 30 Minuten
+ 1 Stunde Garen
Kalorien pro Portion: 710 kcal

1_Das Lammfleisch in etwa 2 cm große Würfel schneiden, dabei alle Sehnen, Häute und das Fett abschneiden. (Das kostet sicher etwas Zeit, lohnt sich aber!) Zwiebeln und Knoblauchzehen schälen, die Zwiebeln würfeln und die Knoblauchzehen nur halbieren.

2_In einem breiten Schmortopf 2 EL Öl erhitzen. Die Fleischwürfel darin von allen Seiten bei starker Hitze kurz und kräftig anbraten. Fleisch aus dem Topf nehmen. Bei mittlerer Hitze Zwiebeln und Knoblauch mit dem übrigen Öl in den Topf geben, 1–2 Minuten braten. Dann das Tomatenmark einrühren, Fleischwürfel wieder untermischen. Wein und Fond angießen, mit Salz, Pfeffer und Muskat würzen. Den Deckel schließen und das Ragout bei geringer Hitze 1 gute Stunde schmoren lassen (vielleicht auch etwas länger, je nach Fleischqualität). Ab und zu mal in den Topf schauen und bei Bedarf etwas Wein oder Fond nachgießen.

3_Nach etwa 50 Minuten den grünen Pfeffer und die Orangenschale einrühren. Den Deckel nun offen lassen, damit die Sauce noch etwas einköcheln kann. Vorm Servieren unbedingt ein Stückchen Lamm probieren, ob es schon weich genug ist – und die Sauce noch mal abschmecken.

TIPP

Als Beilage passen hier einfache Kartoffeln (z. B. Ofenkartoffeln von Seite 139) oder auch die Spinatspätzle von Seite 84 (dann aber ohne Gorgonzola) gut.

Lammbraten mit Minze

Ganz klassisch aus dem Ofen

Zutaten für 4 Personen:
1 kg entbeinte Lammkeule
3–4 Stängel Minze
1 Bio-Zitrone
3 EL Olivenöl
4 Knoblauchzehen
1/2 TL schwarze Pfefferkörner
Salz | Pfeffer aus der Mühle
1/8 l Gemüsebrühe
1/8 l Weißwein

Zubereitungszeit: 35 Minuten
+ 1 Stunde Garen + 15 Minuten Ruhen
Kalorien pro Portion: 710 kcal

1_Die entbeinte Lammkeule mindestens 30 Minuten vorm Zubereiten aus dem Kühlschrank holen, damit das Fleisch nicht zu kalt ist. Dann auf der Innenseite (wo der Knochen einmal war) etwas einschneiden und aufklappen, damit Platz für die Kräuterpaste ist. Die dicke Fettschicht herausschneiden.

2_Minze waschen und trockenschütteln, sehr fein hacken. Zitrone heiß waschen und die Schale zur Hälfte abreiben, den Saft auspressen. Die Zitronenschale, 1 EL vom Saft und 1 EL Olivenöl mit der fein gehackten Minze mischen.

3_Knoblauchzehen schälen, halbieren und den grünen Keim entfernen. Den Knoblauch mit Pfefferkörnern im Mörser zerdrücken und zerreiben. Mit der Minzemischung verrühren. Den Backofen auf 180 Grad (Umluft 160 Grad) vorheizen.

4_Das Lammfleisch auf der Innenseite gleichmäßig mit der Kräuterpaste bestreichen. Zusammenklappen und mit Küchengarn gut zusammenbinden (siehe auch Supertricks auf Seite 21).

5_In einem Bräter das übrige Öl erhitzen. Den Lammbraten rundum anbraten, dann kräftig salzen und pfeffern, restlichen Zitronensaft übers Fleisch träufeln, seitlich Brühe und Wein angießen. In den Ofen (Mitte) schieben und das Lammfleisch knapp 1 Stunde schmoren lassen. Zwischendurch immer wieder mit Sud aus dem Bräter begießen.

6_Den fertigen Braten aus dem Bräter nehmen, in Alufolie wickeln und im ausgeschalteten Ofen (bei halb geöffneter Tür) noch 15 Minuten nachziehen lassen, damit sich der Fleischsaft wieder gleichmäßig verteilt. Dann in dünne Scheiben schneiden, noch mal frisch aus der Mühle pfeffern und mit Bratensaft servieren.

TIPPs

Für eine gehaltvolle Sauce: Den ausgelösten Knochen mitgeben lassen, zusammen mit 1 gehackten Zwiebel ebenfalls im Bräter anrösten, mitschmoren lassen. Dann den Bratensatz durch ein feines Sieb gießen, Sauce in einem Topf einköcheln lassen, während der Braten nachzieht. Mit Salz, Pfeffer, je 1 Prise Zucker und Chilipulver abschmecken.
Als Beilage schmecken Ofenkartoffeln (Seite 139), Zitronenbutter-Kartoffeln (Seite 88) oder einfach Bratkartoffeln und grüne Bohnen.

VARIANTE: Lamm mit Minzejoghurt und Tomaten

Die Minzepaste nicht ins Fleisch füllen, sondern aufheben (den Knoblauch dafür am besten sehr fein hacken oder durch die Presse drücken). Die Paste dann kurz vorm Servieren mit 100 g griechischem Joghurt und 2 EL saurer Sahne glatt verrühren, abschmecken und zu möglichst dünnen Scheiben vom pur geschmorten Lammfleisch servieren.
Dazu gibt's marinierte Tomatenscheiben: Große, dünn geschnittene, aromatische Tomatenscheiben ganz fein mit Orangenessig beträufeln (fertig gekauft oder nur aus Weißweinessig und Orangenschalen selbst gemacht, siehe Homemade Basics Seite 15), leicht salzen und pfeffern und 15 Minuten ziehen lassen.

Kalbfleischröllchen mit Mozzarella

Sommerliche Rouladen

Zutaten für 4 Personen:
1 Hand voll Kräuter (z. B. Kerbel, glatte Petersilie, Basilikum ...)
1 Kugel Mozzarella (125 g) | 50 g durchwachsener Speck | 2 EL Pinienkerne
2 Knoblauchzehen | 2 EL Olivenöl
1/2 TL abgeriebene Bio-Zitronenschale
Salz | Pfeffer aus der Mühle
4 große, dünne Kalbsschnitzel (je 150 g)
1 EL Mehl zum Bestäuben | 2 EL Butter
200 ml Weißwein, Fleischbrühe oder Kalbsfond (aus dem Glas)

Zubereitungszeit: 20 Minuten
+ 20 Minuten Garen
Kalorien pro Portion: 480 kcal

1_Kräuter waschen, trockenschütteln und fein hacken. Mozzarella klein würfeln und mit den Kräutern in eine Schüssel geben. Speck ohne Schwarte in winzige Würfel schneiden. Pinienkerne in einer Pfanne ohne Fett kurz anrösten, bis sie duften, dann sofort zum Mozzarella geben.

2_Speck in die Pinienkernpfanne geben, zurück auf die Herdplatte stellen und den Speck bei mittlerer Hitze ausbraten. Knoblauch schälen und fein hacken. Mit dem Öl zum Speck in die Pfanne geben, kurz mitbraten. Nun den Inhalt der Pfanne auch zum Mozzarella geben, alles gründlich mischen. Mit Zitronenschale, Salz und Pfeffer würzen.

3_Die Schnitzel auf einem großen Brett ausbreiten, mit Frischhaltefolie abdecken und kräftig klopfen, damit die Fleischscheiben wirklich dünn sind. Folie wieder abziehen, die Scheiben gleichmäßig mit der Füllung bestreichen und aufrollen. Mit Holzspießchen feststecken. Die Röllchen rundum ganz leicht mit Mehl bestäuben.

4_In einer Pfanne mit passendem Deckel die Butter zerlassen. Die Fleischröllchen darin bei mittlerer Hitze von allen Seiten anbraten. Salzen und pfeffern, Wein, Brühe oder Fond angießen. Die Pfanne zudecken und die Röllchen bei schwacher Hitze etwa 20 Minuten schmoren lassen.

5_Die Röllchen herausnehmen und abgedeckt warm halten. Die Sauce noch mal kräftig durchköcheln lassen, abschmecken und zum Fleisch servieren.

Schweinefilet im Blätterteig

Ganz einfach und doch festlich

Zutaten für 4 Personen:
6 Platten TK-Blätterteig (450 g)
1–2 EL Öl
2 Schweinefilets (500 g, am besten gleichmäßig dicke Stücke)
Salz | Pfeffer aus der Mühle
2 TL Mehl + Mehl zum Arbeiten
200 g Kalbsbrät (eventuell beim Metzger vorbestellen)
2 EL Kapern oder 1 EL grüner Pfeffer (aus dem Glas)
1 Eigelb (Größe M)

Zubereitungszeit: 40 Minuten
+ 50 Minuten Backen
Kalorien pro Portion: 710 kcal

1_Blätterteigplatten aus der Packung nehmen, nebeneinander legen und antauen lassen. Backofen auf 180 Grad (Umluft 160 Grad) vorheizen. Ein Backblech mit Backpapier auslegen.

2_In einer Pfanne das Öl erhitzen. Die Schweinefilets rundum bei starker Hitze scharf anbraten, salzen und peffern. Aus der Pfanne nehmen und etwas abkühlen lassen. Inzwischen den Blätterteig ganz leicht mit Mehl bestäuben, je 3 Platten übereinander legen und mit der leicht bemehlten Teigrolle zu zwei großen Teigplatten ausrollen.

3_Das Kalbsbrät mit den Kapern oder dem grünen Pfeffer gründlich vermischen. Die Blätterteigplatten damit gleichmäßig bestreichen. Nun je 1 Schweinefilet in die Mitte einer Teigplatte legen und locker in den Teig einrollen, Enden einschlagen und festdrücken. Aufs Blech legen. (Falls die Schweinefilets dünne Enden haben, einfach eines davon abschneiden und auf der anderen dünnen Seite umgekehrt anlegen.)

4_ Das Eigelb mit 1 TL kaltem Wasser verrühren, den Teig damit rundum einstreichen. Das Blech in den Ofen (Mitte) schieben und das Filet im Blätterteig etwa 50 Minuten backen.

Sauerbraten-Lende

Mal kein mächtig großes Stück, sondern einfach scheibchenweise

Zutaten für 4 Personen:
4 schöne, dicke Scheiben Rinderlende (je etwa 220 g)
2 rote Zwiebeln | 2 Knoblauchzehen
2 Zweige frischer Thymian (ersatzweise 1 TL getrockneter Thymian)
2 Lorbeerblätter | 1/2 TL Pfefferkörner
1/4 l trockener Rotwein
1/8 l Rotweinessig | 1 Zwiebel
1 Bund Suppengrün | 3 EL Olivenöl
200 ml Gemüsefond (aus dem Glas)
Salz | Pfeffer aus der Mühle
1 EL Butter | 1 TL Zucker | 1 EL Mehl

Zubereitungszeit: 50 Minuten
+ 1–2 Tage Marinieren
Kalorien pro Portion: 465 kcal

1_Lendenscheiben nebeneinander in eine Form legen. Rote Zwiebeln und Knoblauch schälen, grob zerkleinern. Den Thymian waschen und mit Lorbeerblättern und Pfefferkörnern über dem Fleisch verteilen. Wein und Essig angießen, abdecken, im Kühlschrank 1–2 Tage durchziehen lassen.

2_Fleisch 30 Minuten vorm Zubereiten aus dem Kühlschrank nehmen. Zwiebel und Suppengrün waschen und putzen oder schälen, alles grob zerkleinern. Backofen auf 80 Grad stellen. Fleischscheiben aus der Marinade heben, abtrocknen.

3_In einem Topf 1 EL Öl erhitzen, Zwiebel und Suppengrün darin anbraten, dann komplette Marinade und Fond angießen. Die Sauce zugedeckt köcheln lassen. Eine ofenfeste, unbeschichtete Pfanne mit dem übrigen Öl erhitzen, Lendenscheiben pro Seite knapp 1 Minute scharf anbraten, salzen und pfeffern. Dann die Pfanne in den Ofen schieben, die Fleischscheiben etwa 20 Minuten bei 80 Grad garen.

4_Etwa 10 Minuten vor Garzeitende die Sauce durch ein Sieb gießen, auffangen. In den Topf zurückgießen, kräftig köcheln lassen. Salzen und pfeffern. Fleisch aus der Pfanne holen und auf einer Platte zum Warmhalten kurz in den Ofen schieben.

5_Die Pfanne auf den Herd stellen, die Butter und den Zucker darin bei mittlerer Hitze schmelzen lassen. Mehl einrühren, mit der Sauce ablöschen, etwa 1 Minute unter Rühren einköcheln lassen. Abschmecken, zum Fleisch servieren.

Tafelspitz mit Kartoffel-Petersilien-Sauce

Sonntags-Klassiker

Zutaten für 4–6 Personen:
1 Stange Lauch
2 Möhren
2 Zwiebeln
1 Stück Knollensellerie (etwa 150 g)
1 Petersilienwurzel (falls aufzutreiben)
1 großes Bund glatte Petersilie
1 Lorbeerblatt
1 TL weiße Pfefferkörner
Salz
1 kg Tafelspitz (am besten vorbestellen)
1 mehlig kochende Kartoffel (120 g)
3 EL Butter
Pfeffer aus der Mühle
frisch geriebene Muskatnuss
fein abgeriebene Schale von
1/2 Bio-Zitrone

Zubereitungszeit: 30 Minuten
+ 2 1/4 Stunden Garen
Kalorien pro Portion (bei 4 Personen):
440 kcal

1_Vom Lauch die Wurzeln und die welken Blattenden abschneiden. Die Stange längs aufschlitzen, unter fließendem Wasser gründlich waschen und in kleinere Stücke schneiden. Möhren, Zwiebeln, Sellerie und Petersilienwurzel schälen und grob würfeln. Petersilie waschen und trockenschütteln, die Blätter von den Stängeln zupfen und für später aufheben. Erst mal nur die Stängel verwenden.

2_Alles zerkleinerte Gemüse und die Petersilienstängel in einen großen Topf geben, etwa 1 1/2 l Wasser angießen. Lorbeerblatt, Pfefferkörner und 2 TL Salz dazugeben, Deckel auflegen und alles bei starker Hitze zum Kochen bringen. Dann die Hitze reduzieren, Deckel halb auflegen und die Brühe 15 Minuten köcheln lassen.

3_Den Tafelspitz in die Brühe legen, er sollte auf jeden Fall von Flüssigkeit bedeckt sein (falls nötig, noch etwas heißes Wasser oder auch Brühe nachgießen). Bei geringer Hitze und auch wieder halb aufgelegtem Deckel etwa 2 Stunden ganz sanft garen – die Brühe soll immer am Siedepunkt sein, aber nie kochen.

4_Die Kartoffel waschen und schälen, klein schneiden und in einen kleinen Topf geben. Knapp mit Salzwasser bedecken und in etwa 10 Minuten weich köcheln lassen. Abgießen, 1 EL Butter dazugeben und abgedeckt warm halten.

5_Petersilienblättchen sehr fein hacken. Die Kartoffel durch eine Presse drücken oder im Topf zerstampfen. Nach und nach mit 200 ml Fleischbrühe aus dem Topf aufgießen, übrige Butter darin schmelzen lassen. Mit Salz, Pfeffer, Muskat und der Zitronenschale abschmecken, die fein gehackte Petersilie untermischen.

6_Das Fleisch aus der Brühe nehmen und quer zur Faser in möglichst feine Scheiben schneiden. Tafelspitzscheiben auf vorgewärmte Teller legen und die warme Kartoffel-Petersilien-Sauce dazu servieren.

Basic-TIPP

Ein legendär feines Stück Fleisch ist der Tafelspitz – und er hat seinen Namen, weil er das spitz zulaufende Ende eines Muskelstrangs aus der Rinderhüfte ist. Damit er so zart wird wie gewünscht, niemals kochen, sondern im Sud gar ziehen lassen. Traditionell wird er mit frischer Meerrettichsauce serviert, kalt aufgeschnitten auch mal mit einer Vinaigrette aus Kürbiskernöl.

Rehragout mit Pfifferlingen

Edler Herbstschmaus

Zutaten für 4 Personen:
1 kg Rehfleisch (aus der Keule)
3 kleine Zwiebeln
2 Knoblauchzehen
2 Möhren
2 Stangen Staudensellerie
1/4 l Rotwein
2 Lorbeerblätter
1 TL Pfefferkörner
4 Wacholderbeeren
2 Gewürznelken
1 Prise Zimtpulver oder
1 kleines Stück Zimtstange
3 EL Olivenöl
Salz | Pfeffer aus der Mühle
200 ml Wildfond (aus dem Glas)
200 g Pfifferlinge
1 EL Butter
eventuell 100 g Sahne

Zubereitungszeit: 2 Stunden
+ 1–2 Tage Marinieren
Kalorien pro Portion (mit Sahne):
515 kcal

1_Das Fleisch von Häuten und Sehnen befreien, in etwa 3 cm große Würfel schneiden. Die Fleischwürfel in eine Schüssel legen, die Marinade zubereiten. Dafür 2 Zwiebeln, Knoblauch und Möhren schälen, grob zerteilen. Selleriestangen waschen, putzen und klein schneiden. Alles mit dem Fleisch mischen, Rotwein angießen. Lorbeerblätter und die Gewürze (Pfefferkörner bis Zimt, Wacholderbeeren zerdrücken!) dazugeben. Zugedeckt im Kühlschrank 1–2 Tage marinieren lassen.

2_Dann die Fleischwürfel mit einem Löffel aus der Marinade heben und auf Küchenpapier abtropfen lassen. Marinade durch ein feines Sieb abgießen und dabei auffangen, bereit halten. Zwiebel, Möhren und Sellerie aus dem Sieb fischen und fein hacken.

3_In einem Schmortopf das Olivenöl erhitzen. Die Fleischwürfel darin von allen Seiten bei starker Hitze kurz anbraten. Klein geschnittenes Gemüse dazugeben und kurz mitbraten. Nun alles salzen und pfeffern, den aufgefangenen Sud und den Wildfond angießen, den Topf zudecken. Das Rehragout bei geringer Hitze etwa 1 1/2 Stunden schmoren lassen.

4_Währenddessen Pfifferlinge putzen: dafür die Stielenden abschneiden, den Schmutz mit dem Messer abkratzen – nicht waschen! Größere Pilze halbieren oder vierteln, kleine ganz lassen. Die übrige Zwiebel schälen und in feine Würfel schneiden.

5_Etwa 15 Minuten vor Garzeitende in einer Pfanne die Butter zerlassen. Die Zwiebel und die Pfifferlinge einrühren und bei geringer Hitze anbraten. Salzen und pfeffern, etwa 10 Minuten braten.

6_Das Rehragout abschmecken, nach Belieben Sahne einrühren, zuletzt die Pfifferlinge untermischen.

TIPP

Dazu schmecken Spätzle (am besten hausgemacht) und eingelegte Wild-Preiselbeeren.

Hackbraten aus dem Ofen

Allroundtalent

Zutaten für 4 Personen:
2 altbackene Brötchen oder etwa 100 g altbackenes Weißbrot (vom Vortag)
750 g gemischtes Hackfleisch
1 Zwiebel | 2–3 Knoblauchzehen
1 Bund glatte Petersilie
1 EL Butter
2 Eier (Größe M)
Salz | Pfeffer aus der Mühle
1 EL edelsüßes Paprikapulver
1 EL scharfer Senf
1 EL Tomatenmark
1 TL getrockneter Oregano, Rosmarin oder Thymian
1 TL abgeriebene Bio-Zitronenschale
3 EL Öl
4–5 dünne Scheiben Frühstücksspeck (Bacon)
etwa 300 ml Fleischbrühe oder -fond (aus dem Glas)

Zubereitungszeit: 30 Minuten
+ 1 Stunde Garen
Kalorien pro Portion: 805 kcal

1_Die Brötchen oder das Weißbrot in eine Schüssel geben, mit kaltem Wasser begießen und einweichen lassen. Hackfleisch in eine zweite Schüssel geben. Den Backofen auf 200 Grad (Umluft 180 Grad) vorheizen.

2_Zwiebel und Knoblauchzehen schälen, fein hacken. Die Petersilie waschen und trockenschütteln, die Blätter fein hacken. In einer Pfanne die Butter zerlassen. Zwiebel, Knoblauch und die Hälfte der Petersilie darin etwa 2 Minuten unter Rühren andünsten. Vom Herd nehmen und etwas abkühlen lassen.

3_Die Eier aufschlagen und zum Hackfleisch in die Schüssel geben. Mit 1 TL Salz, Pfeffer, Paprika, Senf, Tomatenmark, Oregano, Rosmarin oder Thymian und Zitronenschale würzen. Die Brötchen oder das Brot gut ausdrücken, zum Fleisch geben. Das Zwiebel-Petersilien-Gemisch aus der Pfanne und die übrige frische Petersilie mit in die Schüssel geben. Alles so lange gründlich durchkneten, bis ein glatter Fleischteig entsteht.

4_Nun aus der Hackfleischmasse einen schönen Laib formen (wie ein Brot). In einem Bräter das Öl erhitzen. Den Hackfleischlaib hineinlegen und bei mittlerer Hitze von allen Seiten kurz anbraten. Dann die Oberfläche mit den Speckscheiben abdecken, die Brühe oder den Fond seitlich angießen und den Bräter in den Ofen (Mitte) schieben. Den Hackbraten etwa 1 Stunde offen garen.

TIPP

Hackbraten ist ideal zum Abwandeln geeignet. Je nach persönlicher Vorliebe einfach Oliven, ganze hart gekochte Eier, getrocknete Tomatenstückchen, Kapern, Pinienkerne, geriebenen Hartkäse, Fetawürfelchen oder ähnliches unter den Fleischteig mischen und mitbraten.

im Bild: Ofenkotelett

Basic:

Niedertemperaturgaren – wie sich das anhört! Aber diese Garmethode liefert beim Fleisch Stücke, auf die viele Fans schwören: sehr zart, perfekt rosa und voller Aroma.

»Garen bei 80 Grad« klingt schon besser und erklärt das Ganze auch genauer: Im Ofen wird Fleisch »unter dem Siedepunkt« gegart, wobei sich seine Muskelfasern entspannt in Richtung »zart & saftig« entwickeln können. Da dabei der Saft im Fleisch nie »zum Kochen« kommt, bleibt es im Anschnitt immer rosa – weswegen ein bei 80–90 Grad gegartes Roastbeef nach ein paar Stunden immer noch toll aussieht. Perfekt, wenn Gäste kommen. Noch mehr, wenn sie zu spät kommen.

Was lässt sich so garen? Die Literatur zählt da fast alles Tierische auf von der Muschel bis zur Gans. Für den Basic-Einstieg möchten wir uns aufs Nötige beschränken: Fleisch, das man gerne rosa essen mag wie Rind, Kalb oder Lamm. Nicht dazu zählen Schwein (zumindest die fetteren Stücke), Fisch und ganz sicher auch nicht Huhn. Das gute Stück muss zimmerwarm sein, wenn es losgeht, also früh genug aus dem Kühlschrank holen. Angebraten werden kann es vorher (schließt die Poren), nachher (gibt richtig Kruste), beide Male oder gar nicht. Ein Nachruhen ist unnötig, dafür sind heiße Teller und schnelles Servieren ganz wichtig, sonst wird es schnell lau.

Garen bei 80 Grad

Roastbeef red & green

red: das Fleisch, green: die Hülle

Zutaten für 6 Personen:
1 kleine Stange Lauch
2 Zweige Rosmarin | 2 Lorbeerblätter
100 g entsteinte grüne Oliven
1 EL eingelegter grüner Pfeffer
100 ml Olivenöl | 1 kg Roastbeef

Zubereitungszeit: 30 Minuten
+ 12 Stunden Marinieren
+ etwa 4 Stunden Garen
Kalorien pro Portion: 380 kcal

1_Den Lauch putzen und der Länge nach bis fast zur Wurzel einschneiden, unter kaltem Wasser ausspülen. In Streifen schneiden. Rosmarin waschen, trockenschütteln und die Nadeln abstreifen. Lauch, Rosmarin, Lorbeerblätter, Oliven und Pfeffer mit dem Öl im Mixer pürieren.

2_Roastbeef in einer Schüssel rundum mit der Paste bestreichen und zugedeckt 12 Stunden in den Kühlschrank damit.

3_Das Fleisch 2 Stunden vor dem Garen in die Küche stellen. Backofen mit Blech in der Mitte auf 80 Grad vorheizen. Fleisch an der Unterseite von der Paste befreien, dort 5 Minuten in der Pfanne anbraten. In den Ofen aufs Blech legen, 3½ – 4 Stunden garen. Dann den Backofengrill anheizen und das Fleisch 4–5 Minuten übergrillen. In 1 cm dicke Scheiben schneiden und auf vorgewärmten Tellern servieren.

Ofenkotelett

Und zwar süßsalzig vom Kalb

Zutaten für 4 Personen:
6 EL flüssiger Waldhonig
3 EL dunkle Sojasauce
1–2 EL scharfer Senf
4 Kalbskoteletts (je 250 g)
4 EL Öl

Zubereitungszeit: 15 Minuten
+ 12 Stunden Marinieren
+ etwa 1 1/4 Stunden Garen
Kalorien pro Portion: 390 kcal

1_Den Honig mit Sojasauce und Senf verrühren und die Koteletts darin wenden. Zugedeckt mindestens 12 Stunden in den Kühlschrank damit.

2_Die Koteletts 1 Stunde vor dem Garen in die Küche stellen. Backofen auf 80 Grad vorheizen. Dann das Öl in einer großen Pfanne erhitzen und die gut abgetropften Koteletts pro Seite 1 Minuten anbraten.

3_Ein Gitter mit einem Blech darunter in den Ofen (Mitte) schieben, die Koteletts draufgeben und 1 1/4 Stunden garen.

4_Koteletts aus dem Ofen nehmen und noch mal ganz kurz auf jeder Seite in der heißen Pfanne im Öl braten. 5 Minuten im Ofen ruhen lassen und auf vorgewärmten Tellern servieren. Lecker dazu: Kürbis-Kartoffel-Püree von Seite 89.

80-Grad-Gulasch

Jetzt kommt das Lamm dran

Zutaten für 4 Personen:
600 g Lammfleisch (aus der Keule)
2 Knoblauchzehen | fein abgeriebene Schale von 1/2 Bio-Zitrone
1 EL edelsüßes Paprikapulver
1/4 TL gemahlener Kreuzkümmel
50 ml Olivenöl | 10 Frühlingszwiebeln
250 g Kirschtomaten | Salz
Pfeffer aus der Mühle | 1/8 l Weißwein

Zubereitungszeit: 25 Minuten
+ 1 Stunde Marinieren
+ etwa 45 Minuten Garen
Kalorien pro Portion: 505 kcal

1_Fleisch in 2 cm dicke und 4–5 cm lange Stücke schneiden. Knoblauch schälen, fein hacken, mit Zitronenschale, Paprika, Kümmel, Öl und Fleisch mischen. Abgedeckt 1 Stunde in der Küche marinieren.

2_Zwiebeln waschen, putzen und in 1 cm dicke Ringe teilen. Tomaten waschen und halbieren. Backofen auf 80 Grad vorheizen. Eine Pfanne erhitzen, das Fleisch aus der Marinade nehmen, salzen, pfeffern, pro Seite 1/2 Minute anbraten. Mit übriger Marinade in eine hitzebeständige Schale geben, in den Ofen (Mitte) schieben.

3_Im Bratsatz die Zwiebeln 5 Minuten dünsten. Tomaten und Wein dazu, aufkochen, salzen, nach 15 Minuten zum Fleisch geben. Alles weitere 30 Minuten garen.

Fisch & Meeresfrüchte

Wie macht man Fisch? So einfach wie man's spricht: Pfanne an, Filet rein und zisch – fertig ist der Fisch. Ob rund oder platt, ob aus dem See oder aus der See ist erst einmal egal. Viel mehr zählt, was ich wie zubereiten kann: Soll es ein Filet oder ein ganzer Fisch sein? Will ich's gebraten, pochiert, gedämpft? Mit Sauce, aus dem Wok oder als Ragout? Die Antworten gibt's gleich. Und sie sind meistens leicht.

»Meeresfrüchte« klingen da schon ein bisschen komplizierter. Aber auch wunderschön nach geheimen Schätzen – wie etwa die funkelnd roten Garnelen im Salzbett (verstecken sich hinter den Salzgarnelen) oder ein Kessel voller Muscheln, Dill und Rahm (sind: Muscheln in Dillsahne) oder Jakobsmuscheln mit Curry und Räucherspeck am Spieß (kurz: Steckerlmuscheln). Dazu ist schon mal etwas mehr Handarbeit nötig; dafür sind Meeresfrüchte aber am Herd nicht so sensibel wie Fisch. Und sie zu essen ist einfach eine Freude – auch wegen der Handarbeit dabei.

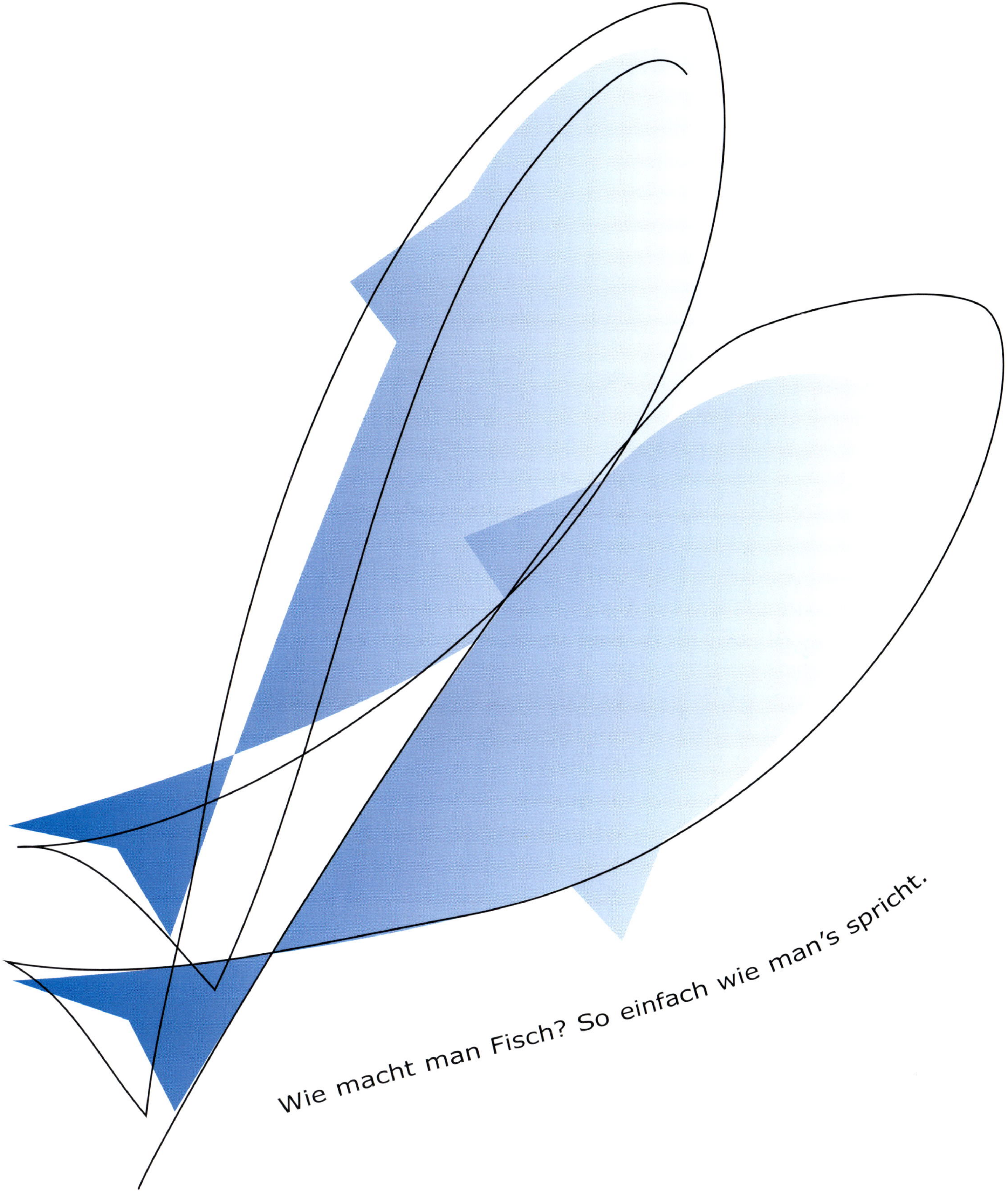

Wie macht man Fisch? So einfach wie man's spricht.

Das Fisch-Quiz

Besonderheiten gefragt – welcher Fisch ist was?

1. Tunfisch	☐ Räucherfisch
2. Hai	☐ Warmblüter
3. Hering	☐ Plattfisch
4. Pangasius	☐ Stockfisch
5. Wal	☐ Süßwasserfisch
6. Bacalao	☐ Bestsellerfisch
7. Barramundi	☐ Süß- und Salzwasserfisch
8. Rotzunge	☐ kein Fisch

1. Tunfisch ist ein Warmblüter (daher sein rotes Fleisch) | 2. Aus den Bauchlappen des Dornhai werden die Schillerlocken geräuchert | 3. Der Hering ist unser meistgekaufter Fisch (Bestsellerfisch in Glas und Dose) | 4. Pangasius ist ein exotischer Süßwasserfisch (meistens gezüchtet) | 5. Der Wal ist ein Säugetier, kein Fisch | 6. Bacalao ist spanisch für eingesalzenen und getrockneten Stockfisch | 7. Der Barramundi lebt im Süß- und Salzwasser, hauptsächlich in Australien (dort eine Delikatesse) | 8. Die Rotzunge ist ein Plattfisch (wie auch die Seezunge)

Der letzte Pfiff

Eine Kruste für den Fisch

Fisch aus dem Ofen hat einfach was – so etwas Festliches. Und er hat auch was nicht – den Fischgeruch, der aus der Pfanne aufsteigt. Aber was, wenn der Fisch nur ein schmales Filet ist? Das trocknet doch schnell aus, oder? Nicht, wenn eine Krustenmasse darüber kommt. Die schützt den Fisch unter sich vor Saftverlust, während sie oben herum schön langsam bräunt und knusprig wird. Dazu werden die Filets nur gesalzen, dann einfach aufs gefettete Backblech gelegt, mit der Masse bestrichen und bei richtig starker Hitze (gut 225 Grad und mehr) gegart.

Die Krustenmasse besteht aus mindestens drei Zutaten. Zuerst das Flüssige, Weiche, meist auch Fette: Butter oder Öl, manchmal sind auch noch Milchprodukte wie Crème fraîche, Mascarpone oder Doppelrahm-Frischkäse dabei. Und Eigelb geht ebenfalls noch. Dann das Feste: Semmelbrösel, gemahlene Nüsse und Kerne, geriebener Käse, gegarte und zerkleinerte Kartoffeln und Gemüse wie Kürbis, Mais, Möhren, Petersilienwurzeln und Rüben. Schließlich die Aromen: intensive Kräuter und Gewürze, Knoblauch, Zitrusschalen, Oliven, getrocknete Tomaten, Meerrettich, ein paar Spritzer Zitronensaft oder Essig.

Das alles wird nach Gusto zu einer festen, aber streichbaren Masse verrührt. Man kann aber einem etwas dickeren Filet (wie vom Lachs etwa) auch ein Schuppenkleid verpassen. Dazu werden noch ziemlich bissfest gegarte Scheiben von Kartoffeln sowie von Möhren und Rüben mit einer 2:1-Mischung aus Crème fraîche und Eigelben vermengt und auf dem Filet aufgefächert. Dies dann wie oben beschrieben garen.

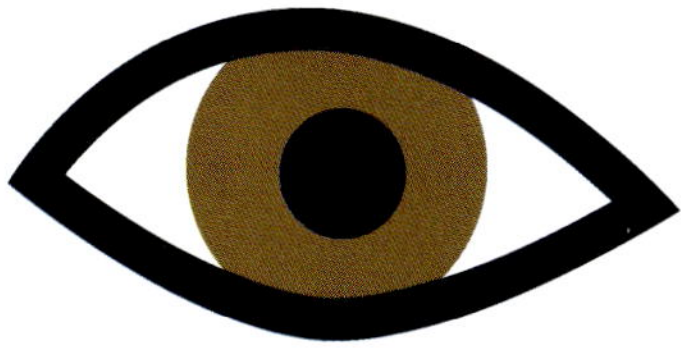

Tante Ilse über

»Fisch muss schwimmen«

Ja, klar. Weil auf einem Bein steht er schlecht. Und so frisch kommen wir so schnell auch nicht mehr zusammen, der gefischte Fisch und ich. Also ab dafür, rein damit ins Glas und runter das Zeug.

Ich bin da wohl ein bisschen anders. Mag schon mal ein Glas Wein zum Essen. Aber meistens fällt es mir doch ab dem zweiten, spätestens ab dem dritten Glas schwer, so richtig auf meinen Teller zu achten. Weil ich das nun aber gar so gern mache, lasse ich das dann lieber mit dem zweiten oder dritten Glas. Wein, meine ich. Wasser geht natürlich, und davon nicht zu knapp – denn ist es nicht das, worin der Fisch eigentlich zu schwimmen hat?

Dabei geht es mir nicht um den Alkohol allein. Wenn ich zum Essen gehe oder mich dazu hinsetze, dann esse ich erst mal lieber, statt zu trinken. Will mich nicht lange mit der Weinauswahl rumschlagen, möchte auch nicht groß rumschmecken oder irgendwas von einer Vermählung von Wein und Speisen hören. Es gibt nur wenig, das mich mehr bei einem guten Essen stört, als jemand, der dabei andauernd nur vom Wein spricht. Dann lieber einen wirklich bemerkenswerten hinterdrein.

Und dann darf man auch gerne ein bisschen betrunken sein.

Was mach' ich jetzt mit … … Gesternfisch?

Fisch von gestern, wer mag das denn? Aber wegwerfen mag man den genauso wenig, auch weil er nicht ganz billig war. Aufwärmen geht aber definitiv nicht, da wird er einfach zu trocken. Doch es gibt ja noch andere Möglichkeiten: Salate. Suppen. Brote. Dips. Reis- und Nudelgerichte. Und was mit Ei.

1. Salat: Behutsam zerpflückt kann der Fisch über Blattsalate gestreut oder auch darunter gemischt werden. Außerdem passen gut zu ihm als oder im Salat: Fenchel, Gurken, Lauch, Paprika, Pilze, Sellerie, Tomaten. Und: In Kartoffel-, Nudel- oder Reissalate macht sich Fisch ebenfalls sehr gut.
2. Suppe: Das ist simpel – den Fisch als Einlage darin kurz erhitzen, aber nicht mehr kochen lassen. Geht in Nudelsuppen genauso wie in einer cremigen Tomatensuppe.
3. Aufstrich: Fisch mit einer Gabel zerdrücken und mit Frischkäse, Meerrettich, Senf und Kräutern vermischen – und ab aufs Brot damit. Auch nicht schlecht: Mayonnaise oder weiche Butter kann mit Fisch vermischt werden.
4. Reis: Kurz vor Garschluss den Fisch auf den Reis im Topf legen, bis er heiß ist, dann vorsichtig einrühren.
5. Rührei: Den Fisch sehr fein zerpflücken oder zerdrücken, mit frischem Ei verrühren und Rührei daraus machen.

Was heißt denn … …Steckerlfisch?

Er ist der Klassiker auf den Jahrmärkten und Volksfesten, in den Biergärten und Ausflugslokalen Süddeutschlands und Österreichs, vor allem, wenn schöne Seen in der Nähe sind. Leider haben die zu 99 % zumindest fangtechnisch gar nichts mit dem Steckerlfisch zu tun, der fast immer aus dem Salzwasser stammt und meistens Makrele heißt.

Durch diese wird ein dünner, stabiler Ast gesteckt, heute ist das oft ein fertiger Spieß. Nun kommt der Steckerlfisch ins, pardon, ans Feuer: Man lehnt ihn schräg darüber und bewegt ihn, so dass er von allen Seiten gar wird. Jetzt aufs Papier damit und per Hand zerpflücken.

Gut. Und was ist dann jetzt Stockfisch? Nun, Fisch, der an Stöcken oder Stockgestellen am Mittelmeer und südlichen Atlantik getrocknet wird, mal eingesalzen, mal nicht. Meist ist das Kabeljau, der aber auch nicht dort gefangen wird, sondern weit oben im Norden, von wo er einst im Tausch gegen Salz geliefert wurde.

Tunfisch mit grünen Bohnen und Koriander-kartoffeln

Feines Mittagessen

Zutaten für 2 Personen:
Saft von 1 Limette
6–8 EL Olivenöl
2 schöne, dicke Scheiben ganz frischer Tunfisch (je 180–200 g)
2 Stängel Bohnenkraut
Salz
300 g zarte grüne Bohnen
500 g gekochte Pellkartoffeln (möglichst schon abgekühlt)
2 Schalotten
Pfeffer aus der Mühle
2 EL Butter
1/2 TL Koriandersamen

Zubereitungszeit: 40 Minuten
Kalorien pro Portion: 1045 kcal

1_Die Hälfte des Limettensafts mit 2 EL Olivenöl verrühren. Die Tunfischscheiben in eine flache Form legen, mit Limettenöl beträufeln und zugedeckt marinieren lassen, bis alles andere fertig ist.

2_Das Bohnenkraut waschen und mit 2 l Wasser in einen Topf geben, zum Kochen bringen, dann 2 TL Salz hineingeben. Inzwischen die Bohnen waschen und die Enden abschneiden, die Bohnen quer halbieren. In das kochende Wasser geben und bei mittlerer Hitze knapp 10 Minuten kochen lassen. Die Kartoffeln pellen und in Scheiben schneiden.

3_Die Bohnen ins Sieb abgießen. Die Schalotten schälen, halbieren und fein würfeln. In einem Topf 1 EL Öl erhitzen und die Schalotten darin sanft andünsten. Die Bohnen untermischen, salzen und pfeffern. Den restlichen Limettensaft angießen, zugedeckt bei kleinster Hitze ziehen lassen.

4_In einer beschichteten Pfanne 2–3 EL Öl erhitzen, 1 EL Butter darin schmelzen. Die Kartoffelscheiben hineingeben und bei mittlerer Hitze von beiden Seiten langsam knusprig braten, salzen und pfeffern.

5_Die Koriandersamen im Mörser zerdrücken, die Hälfte davon unter die Kartoffeln mischen und kurz mitbraten. Die restliche Butter in einem kleinen Topf schmelzen lassen, den übrigen Koriander einrühren.

6_In einer zweiten beschichteten Pfanne restliches Öl (1–2 EL) erhitzen. Tunfisch samt der Marinade hineinlegen und bei starker Hitze 2 Minuten kräftig anbraten. Dann die Fischscheiben wenden, Herdplatte ausschalten und den Fisch noch 1–2 Minuten in der heißen Pfanne ziehen lassen, salzen und pfeffern.

7_Den Tunfisch mit Kartoffeln und grünen Bohnen auf Tellern (am besten gut vorgewärmt) anrichten. Fisch und Kartoffeln mit der Korianderbutter beträufeln.

TIPP

Zum schlicht gebratenen Tunfisch passt als Dip auch perfekt die Wasabicreme von den Fischröllchen (Seite 139) – und dazu noch selbst gemachte Pommes!

Backfisch mit Spargel-Kräuter-Salat

Superfrisch muss beides sein

Zutaten für 4 Personen:
Für den Salat:
je 500 g grüner und weißer Spargel
Salz | 1 TL Zucker | 1 TL scharfer Senf
1/2 TL Honig
3 EL Weißwein- oder Estragonessig (selbst gemacht, siehe Homemade Basics Seite 15, oder fertig gekauft)
Pfeffer aus der Mühle
4 EL Sonnenblumenöl
etwas Kerbel oder Kresse
Für den Fisch:
4 Fischfilets (je 150 g, z. B. Rotbarsch, Seelachs oder Kabeljau)
Salz | Pfeffer aus der Mühle
2 EL Zitronensaft
200 g Mehl
1/4 l helles Bier
2 Eier (Größe M) | 1 EL Öl
4–5 EL Butterschmalz zum Ausbacken

Zubereitungszeit: 1 Stunde
Kalorien pro Portion: 680 kcal

1_Den Spargel waschen und schälen: grünen Spargel nur im unteren Drittel schälen, holzige Enden abschneiden. Weißen Spargel von der Spitze bis nach unten schälen, unten alles Holzige abschneiden. Die grünen und weißen Stangen in etwa 3 cm lange Stücke schneiden.

2_In einem großen Topf Salzwasser mit Zucker aufkochen. Weißen Spargel zuerst reingeben und bei geringer Hitze kochen lassen, nach 5 Minuten grünen Spargel mit in den Topf geben und zusammen weitere 5 Minuten kochen.

3_Für die Salatmarinade den Senf mit Honig, Essig, Salz und Pfeffer verrühren. Nach und nach das Sonnenblumenöl unterschlagen. Gegarten Spargel in ein Sieb abgießen, die Spargelstücke kurz abbrausen und gut abtropfen lassen. Sofort mit der Marinade mischen und abgedeckt durchziehen lassen, bis der Fisch fertig ist.

4_Die Fischfilets in kleinere Portionsstücke schneiden. Salzen, pfeffern und mit dem Zitronensaft beträufeln, etwa 10 Minuten ziehen lassen.

5_Inzwischen den Ausbackteig anrühren. Dafür das Mehl durchsieben, mit 1 Prise Salz und dem Bier zu einem dickflüssigen Teig rühren. Die Eier trennen und erst mal nur das Eigelb mit dem Öl unter den Teig mischen. Dann das Eiweiß steif schlagen und unterziehen.

6_Kerbel oder Kresse waschen, trockenschütteln, etwas kleiner zupfen und unter den Spargelsalat mischen.

7_In einem breiten Topf Butterschmalz erhitzen. Nach und nach die Fischstücke gut abtropfen lassen, mit einer Gabel durch den Bierteig ziehen und im heißen Fett knusprig ausbacken. Zwischendurch mit zwei Löffeln im Fett wenden (Vorsicht: heiße Spritzer!). Den Backfisch ganz frisch zum Salat servieren.

TIPP

Wenn keine Spargelsaison ist, schmeckt auch Kartoffelsalat mit vielen frischen Kräutern und Radieschen zum Fisch.

Pochierter Fisch mit Senflinsen

Richtig fein und gar nicht kompliziert

Zutaten für 2 Personen:
150 g feine, kleine Linsen
(z. B. Beluga- oder Puy-Linsen)
1 Bund Suppengrün
400 ml Fischfond (aus dem Glas)
1/4 l trockener Weißwein
1 Lorbeerblatt
Salz
1/2 TL weiße Pfefferkörner
1 Stück Kabeljau mit Haut
(z. B. Schwanzstück, etwa 600 g)
Pfeffer aus der Mühle
2 Schalotten
2–3 Zweige Thymian (ersatzweise
4 Stängel Petersilie)
1 EL Butter
100 g Sahne
2 EL Dijon-Senf
1–2 EL Zitronensaft

Zubereitungszeit: 50 Minuten
Kalorien pro Portion: 635 kcal

1_Die Linsen in einem Sieb abbrausen, mit 1/2 l Wasser in einen Topf geben, aufkochen und bei geringer Hitze zugedeckt in 20–30 Minuten bissfest köcheln lassen (zwischendurch mal probieren – Garzeit je nach Linsensorte unterschiedlich).

2_Währenddessen Suppengrün waschen und putzen oder schälen, grob zerteilen. In einen breiten Topf mit Deckel geben. Fischfond, etwa 300 ml Wasser und den Wein angießen. Lorbeerblatt, 1 TL Salz und die Pfefferkörner dazugeben. Aufkochen und Sud bei mittlerer Hitze etwa 10 Minuten zugedeckt kochen lassen.

3_Den Backofen auf die niedrigste Stufe vorheizen und eine Servierplatte hineinstellen (zum Warmhalten vom fertigen Fisch, die Teller am besten auch gleich zum Anwärmen mit hineinschieben).

4_Den Fisch waschen und mit Küchenpapier abtrocknen. Rundum salzen und pfeffern. Die Herdplatte, auf der der Topf mit dem Sud steht, auf die kleinste Stufe stellen. Das Kabeljaustück in den nur noch schwach köchelnden Sud legen, zudecken und etwa 20 Minuten garen.

5_Schalotten schälen und fein würfeln. Thymian waschen, trockenschütteln und die Blättchen abzupfen. Den fertigen Fisch aus dem Sud nehmen, auf die Platte im Ofen legen, mit Alufolie abdecken und warm halten. (Garprobe: Die Flosse lässt sich ganz leicht herausziehen, das Fischfleisch sieht nicht mehr glasig, sondern schön weiß aus.)

6_Butter in einem Topf zerlassen. Sud vom Fisch durch ein feines Sieb gießen und etwa 1/4 l davon mit der Sahne in den Topf geben, 2–3 Minuten kräftig einköcheln lassen (übrigen Sud einfrieren und anderweitig verwenden). Senf unterquirlen und die Sauce schön glatt rühren. Mit Zitronensaft, Salz und Pfeffer würzen, die Linsen unterheben und warm werden lassen. Mit dem Thymian bestreuen und zum Fisch servieren.

TIPPs

Zum Servieren Fisch häuten, das Fischfleisch vorsichtig von der dicken Gräte lösen und portionsweise auf unbedingt vorgewärmten Tellern anrichten.
Statt ein ganzes Fischstück kann man auch einzelne Scheiben mit Haut so zubereiten, Garzeit: etwa 10 Minuten.

Italo-Fisch-Wok

Blitzartig zum Fischfreund werden

Zutaten für 4 Personen:
500 g festfleischiges Fischfilet (gerne auch TK, z. B. Kabeljau, Heilbutt, Rotbarsch, Schwertfisch)
Salz | Pfeffer aus der Mühle
3 EL Zitronenöl (auch gut: 3 EL Olivenöl, verquirlt mit 1 TL abgeriebener Bio-Zitronenschale + 1 EL Zitronensaft)
2 Knoblauchzehen
5 große oder 10 kleine, in Öl eingelegte, getrocknete Tomaten (selbst gemacht, siehe Homemade Basics Seite 14, oder fertig gekauft)
150 g eingelegte rote Paprikaschoten (selbst gemacht, siehe Homemade Basics Seite 15, oder fertig gekauft)
3 EL Olivenöl
100 g entsteinte grüne Oliven
1 Bund Rucola | 1/2 Bund Basilikum
2 EL eingelegte Silberzwiebelchen oder 1 EL Kapern

Zubereitungszeit: 30 Minuten
+ fast beliebige Marinierzeit
Kalorien pro Portion: 460 kcal

1_Die Fischfilets von allen Gräten befreien. In kleine Häppchen schneiden, salzen und pfeffern und in eine Schüssel geben. Mit dem Zitronenöl gründlich mischen, abgedeckt durchziehen lassen (mindestens 10 Minuten, höchstens 10 Stunden).

2_Die Knoblauchzehen schälen und in ganz feine Stifte schneiden. Die eingelegten Tomaten und Paprikaschoten abtropfen lassen, jeweils das Würzöl auffangen und zusammen mit dem Olivenöl mischen. Die Tomaten und die Paprikaschoten klein schneiden.

3_Die Oliven in Scheibchen schneiden. Den Rucola verlesen, waschen, trockenschleudern und alle harten Stiele entfernen. Die Rucolablätter nur ganz grob hacken. Basilikumblätter abzupfen, nicht waschen, falls nötig einfach nur ein bisschen mit Küchenpapier abreiben. Etwas kleiner schneiden.

4_Im Wok Olivenölgemisch heiß werden lassen. Bei nur mittlerer Hitze die Knoblauchstifte in den Wok geben und unter Rühren kurz anbraten, dann marinierte Fischwürfel dazugeben und 2 Minuten unter weiterem Rühren braten.

5_Getrocknete Tomaten und Paprikaschoten, Oliven und Silberzwiebelchen oder Kapern einrühren, alles zusammen noch 1 Minute schmoren. Mit Salz und Pfeffer abschmecken, Rucola und Basilikum unterheben und sofort servieren.

TIPPs

Dazu: Reis oder einfach ofenfrisches knuspriges Ciabatta-Brot.
Reste abgekühlt mit Reis gemischt: Insalata molto speciale!

Forellen auf Ofengemüse

Lecker und gesund

Wenn schon Fisch, dann richtig – mit Haut und Gräten und am besten selbst geangelt. Meint Marc!

Zutaten für 4–6 Personen:
3 Forellen (je etwa 500 g – egal ob Regenbogen- oder Bachforelle; auch sehr fein sind Saiblinge – ebenfalls mit im Bild –, die sind aber schwieriger zu bekommen)
Saft von 2 Zitronen
Salz | Pfeffer aus der Mühle
1 große Stange Lauch
3–4 Möhren
2 Kohlrabi oder Zucchini
1/2 Bund Petersilie
6 EL Olivenöl

Zubereitungszeit: 30 Minuten
+ 30 Minuten Garen
Kalorien pro Portion (bei 4 Personen):
380 kcal

1_Die Fische unter fließendem Wasser waschen, besonders innen. Innen und außen mit Zitronensaft beträufeln, mit Salz und Pfeffer würzen.

2_Die Lauchstange putzen, längs aufschlitzen und gründlich waschen. Möhren schälen, die Kohlrabi schälen und Stiele und Blätter entfernen (zarte Blätter kann man hacken und zum Schluss mit aufstreuen) oder die Zucchini waschen und putzen. Alles Gemüse in feine Stifte schneiden.

3_Den Backofen auf 200 Grad vorheizen. Die Petersilie waschen, trockenschütteln und grob hacken.

4_Einen großen Bräter mit 2 EL Öl ausstreichen. Das Gemüse bunt gemischt hineingeben, salzen und pfeffern. Vorbereitete Fische darauf legen.

5_Das Gemüse und die Fische mit Petersilie (und eventuell mit gehacktem Kohlrabigrün) bestreuen und mit dem restlichen Öl beträufeln. Nun den Bräter mit Alufolie dicht verschließen. Bräter in den Ofen schieben (Mitte, Umluft 180 Grad) und die Fische 30 Minuten garen.

Dazu passen perfekt: Ofenkartoffeln mit Rosmarin

1–1 1/2 kg nicht zu große, vorwiegend fest kochende Kartoffeln gründlich unter fließendem Wasser waschen und dabei abbürsten. Auf ein mit Olivenöl gefettetes Backblech oder in einen Bräter geben und mit grobem Salz bestreuen. 1–2 Zweige Rosmarin waschen, trockenschütteln, grob zerkleinern und untermischen. Alles mit gutem Olivenöl beträufeln und etwa 15 Minuten vor dem Fisch in den Ofen schieben (unten), damit alles gleichzeitig fertig ist! (Die Kartoffeln brauchen insgesamt etwa 45 Minuten.)

Wasabi-Fischröllchen

Auf Gemüse gebettet und im Dampf gegart

Zutaten für 4 Personen:
1 Stückchen frischer Ingwer (etwa 2 cm)
200 ml Gemüsefond (aus dem Glas)
2 EL Sake (japanischer Reiswein)
1 EL Sojasauce
400 g Mangold oder Pak Choi
2 Frühlingszwiebeln
4 junge zarte Möhrchen
500 g Fischfilet (z. B. Rotbarsch, Lachs, Heilbutt)
Salz | 1 1/2 EL Crème fraîche
1 TL Wasabipaste (japanischer grüner Meerrettich aus der Tube)
1 EL Zitronensaft
Pfeffer aus der Mühle
1 EL Öl | 1 EL Sesamöl
eventuell 1 TL Sesamsamen
1 EL Balsamico bianco
Holzspießchen

Zubereitungszeit: 45 Minuten
Kalorien pro Portion: 250 kcal

1_Ingwer schälen und klein schneiden. Mit Gemüsefond, 100 ml Wasser, Sake und Sojasauce in einen Topf geben, zugedeckt 10 Minuten kräftig kocheln lassen. Dann Sud durch ein feines Sieb gießen.

2_Währenddessen Mangold oder Pak Choi waschen und putzen, in etwa 1 cm breite Streifen schneiden. Die Frühlingszwiebeln waschen und putzen, längs halbieren und schräg in 2 cm lange Stücke schneiden. Die Möhrchen schälen, längs halbieren und dann jede Hälfte sehr schräg in feine Streifen schneiden.

3_Das Fischfilet sorgfältig entgräten, dann mit einem scharfen Messer schräg in dünne Scheibchen schneiden, jeweils leicht mit Salz würzen.

4_Die Crème fraîche mit der Wasabipaste und dem Zitronensaft verrühren. Jedes Fischscheibchen damit dünn bestreichen und aufrollen oder zusammenklappen. Mit Holzspießchen feststecken. Außen salzen und auch pfeffern.

5_Im Wok oder in einem breiten Topf das Öl mit dem Sesamöl heiß werden lassen. Frühlingszwiebeln und Möhrchen darin unter Rühren 2 Minuten braten. Mangold oder Pak Choi untermischen, den Sud angießen und alles zugedeckt 2–3 Minuten garen. Nun die Fischröllchen aufs Gemüse legen, Deckel wieder schließen und die Röllchen etwa 3 Minuten im Dampf garen.

6_Eventuell die Sesamsamen in einem Pfännchen ohne Fett ganz kurz anrösten, bis sie zu duften beginnen. Gemüse und Fisch mit Balsamessig beträufeln, Sesam aufstreuen und gleich servieren.

TIPPs

Dazu passen Duft- oder Basmati-Reis, aber auch Salzkartoffeln perfekt.
Wenn Wasabi-Crème-fraîche übrig bleibt: Schmeckt auch hervorragend zu kurz gebratenem Tunfisch (siehe Seite 134), mit hausgemachten Pommes serviert!

Grillfisch mit Mango-Gurken-Salsa

Sommer, Sonne, frischer Fisch

Zutaten für 4 Personen:
etwa 1 kg Fischkoteletts zum Grillen (z. B. Heilbutt, Kabeljau oder Lachs) oder etwa 1 1/2 kg ganze Fische (z. B. frische Heringe, Sardinen, größere Rotbarben, kleinere Makrelen oder kleinere Wolfsbarsche)
Salz | Pfeffer aus der Mühle
3–4 EL Limettensaft | 4 EL Olivenöl
Für die Salsa:
1 aromatische reife Mango (aber nicht überreif!)
1 kleine Gärtnergurke oder 1/4 Salatgurke | 1 kleine rote Paprikaschote
1 Stückchen frischer Ingwer (etwa 2 cm)
3–4 EL Limettensaft
4 EL feines Olivenöl
Salz | Pfeffer aus der Mühle

Zubereitungszeit: 45 Minuten (ohne Anheizen vom Grill)
Kalorien pro Portion: 735 kcal

1_Die Fischkoteletts salzen und pfeffern. Limettensaft mit Öl verquirlen und die Koteletts darin marinieren lassen, bis alles weitere fertig ist. Ganze Fische bereits beim Fischhändler ausnehmen und küchenfertig vorbereiten lassen, vorm Zubereiten aber nochmals innen gut mit kaltem Wasser ausspülen, auf Küchenpapier abtropfen lassen und ebenfalls marinieren.

2_Für die Salsa die Mango zerteilen: Fruchtfleisch flach am Stein entlang abschneiden, schälen und die Hälfte davon grob zerteilen und in eine hohe Schüssel geben – zum späteren Pürieren. Das anhaftende Fruchtfleisch am Stein mit einem scharfen Messer abschaben und auch in die Schüssel geben.

3_Die Hälfte der Gurke schälen, grob zerteilen und ... rein in die Schüssel. Die Paprikaschote waschen, halbieren und putzen, auch hier die Hälfte grob zerteilen und in die Schüssel geben. Den Ingwer schälen und fein hacken. Mit Limettensaft und Olivenöl in die Schüssel geben und nun alles mit dem Stabmixer ganz fein pürieren. Das Püree mit etwas Salz und Pfeffer würzen und kalt stellen.

4_Restliche Mango, Gurke und Paprikaschote in winzig kleine Würfel schneiden und vor dem Servieren unter die Salsa rühren (einen Teil davon aufstreuen).

5_Die Fischkoteletts aus der Marinade nehmen, auf dem heißen Holzkohlengrill (Abstand 10 cm) pro Seite 3–4 Minuten grillen. Ganze Fische am besten in eingeölte Grillgitter für Fische legen, je nach Größe pro Seite in 5–10 Minuten schön knusprig grillen. Die Salsa dazu servieren.

TIPPs

Außerdem lecker zu Fisch und Salsa: gegrillte Weißbrothälften mit Knoblauchbutter drauf.
Grillen im Backofen: Grillfunktion einschalten, Backofenrost einölen, Fisch drauflegen und mit etwa 10 cm Abstand zu den Grillschlangen garen – darunter unbedingt das Blech einschieben, zum Auffangen vom Saft. Garzeiten in etwa wie beim Holzkohlengrill. Die Fische zwischendurch wenden und auch mal mit der Marinade einpinseln.

Muscheln in Dillsahne

Zum Reinlegen gut – auch als Vorspeise für 6–8

Zutaten für 4 Personen:
2 kg Muscheln (Sorte nach Wunsch)
1 weiße Zwiebel
2 Stangen Staudensellerie
3 Knoblauchzehen
4 EL Olivenöl
1/4 l trockener Weißwein
1/4 l Gemüsefond (aus dem Glas)
Pfeffer aus der Mühle
200 g Sahne
100 g Crème fraîche
1 Bund Dill
Salz

Zubereitungszeit: 30 Minuten
Kalorien pro Portion: 430 kcal

1_Die Muscheln gründlich waschen und abtropfen lassen. Jetzt schon geöffnete Muscheln aussortieren und wegwerfen.

2_Die Zwiebel schälen, halbieren und fein würfeln. Die Selleriestangen waschen und putzen, in feine Würfel schneiden. Knoblauch schälen und fein hacken.

3_In einem großen Topf Öl heiß werden lassen. Zwiebel, Sellerie und Knoblauch unter Rühren 1 Minute andünsten. Dann Wein und Fond angießen und aufkochen. Die Muscheln in den Topf geben, Deckel schließen und die Muscheln bei mittlerer Hitze etwa 8 Minuten garen. Sie sind gar, wenn sich die Schalen geöffnet haben.

4_Muscheln samt Sud durch ein feines Sieb gießen und den Sud auffangen. Noch geschlossene Muscheln jetzt aussortieren und nicht servieren. Essbare Muscheln mit Sudgemüse abgedeckt warm halten und nun die Sauce fertig zubereiten.

5_Dafür Sud zurück in den Topf gießen, Sahne und Crème fraîche einrühren und etwa 5 Minuten kräftig einköcheln lassen, bis das Ganze leicht cremig wird. Den Dill waschen, trockenschütteln, fein schneiden und in die Sauce rühren. Mit Salz und Pfeffer würzen, Muscheln mit Gemüse untermischen und noch mal heiß werden lassen. Am besten im Topf servieren.

Dazu unbedingt viel Brot reichen.

Zitronengras-Risotto

Zu Meeresfrüchten aller Art

Zutaten für 2 Personen:
1/2 l Fischfond | 2 Stangen Zitronengras
1 Stückchen frischer Ingwer (2 cm) | Salz
1 TL getrocknete Curryblätter (aus dem Asia-Shop) | 3 EL neutrales Öl
150 g Risotto-Reis | 1–2 Knoblauchzehen
200 g gegarte, geschälte Garnelen
1 EL Zitronensaft | Pfeffer aus der Mühle

Zubereitungszeit: 50 Minuten
Kalorien pro Portion: 585 kcal

1_Fond mit 300 ml Wasser aufkochen. Zitronengras waschen, in Stücke teilen. Ingwer schälen und zerteilen. Beides mit 1 TL Salz und Curryblättern in den Fond geben, 15 Minuten zugedeckt köcheln. Durch ein Sieb abgießen, Sud heiß halten.

2_2 EL Öl erwärmen. Reis untermischen, nach und nach Sud angießen, bei kleiner Hitze etwa 25 Minuten unter Rühren garen. Knoblauch schälen, fein hacken, im restlichen Öl andünsten. Garnelen dazugeben, 1 Minute braten. Mit Zitronensaft, Salz und Pfeffer würzen, auf dem Reis servieren.

im Bild: Leitersardinen

Basic:

Saftiger Fisch mit knuspriger Haut vom Grill, das ist wirklich was Tolles. Grillfisch, der beim Wenden abstürzt oder kleben bleibt und am Ende trocken bis verbrannt ist – nicht toll. Aber auch nicht nötig.

Grillen ist die perfekte Zubereitungsart für frischen Fisch und Meeresfrüchte, weil sie so schnell garen und ihre Haut besonders kross wird. Bei ganzen Fischen lieber fettere nehmen wie Sardine, Hering oder Makrele, denn die werden nicht so leicht trocken. Ein bisschen Öl auf den Grillrost oder die Fischhaut gepinselt verhindert, dass der Fisch beim Bewegen kleben bleibt. Damit Wenden kein Abenteuer wird, erst mal mit kleinen Fischen anfangen. Die kann man in einen Grillkorb packen, so dass sie sich leichter drehen lassen und nicht durchs Grillgitter rutschen. Simpler: die »Sardinenleiter«.

Fischfilets zu grillen ist so eine Sache, da sie leicht zerfallen. Am besten an einer wenig heißen Stelle nur auf der Hautseite braten, bis es durch ist. Oder ein leicht geöltes Kuchengitter zwischen Rost und eher fettem Filet oder Kotelett (Tunfisch, Schwertfisch) legen – und das Stück dann nicht ganz durchgaren. Meeresfrüchte kommen am besten am Spieß oder in einer Grillschale über die Glut, wo sie dann sanft und rasch garen. Aber es geht auch anders – siehe Salzgarnelen rechts.

Fisch vom Grill

Leitersardinen

Die wenden wir mit links

Zutaten für 4 Personen:
8 küchenfertige Sardinen
1/2 kleine Bio-Zitrone
1 kleine, noch etwas grüne, feste Tomate
8 frische Lorbeerblätter | 500 g Salz
Olivenöl | Pfeffer aus der Mühle
Holzspießchen
4 lange Schaschlikspieße (aus Metall)

Zubereitungszeit: 30 Minuten
+ 2 Stunden Marinieren
Kalorien pro Portion: 185 kcal

1_Sardinen waschen und trockentupfen. Zitrone und Tomate waschen. Beides in 8 dünne Scheiben schneiden, je 1 Scheibe mit 1 Lorbeerblatt in die Sardinen füllen. Mit Holzspießchen zustecken. Ein Drittel des Salzes in eine Form streuen, Fische darauf legen, mit übrigem Salz zudecken. So werden sie jetzt für 2 Stunden gekühlt.

2_Den Grill anheizen. Sardinen aus dem Salz nehmen, trockentupfen. Einen Spieß hinterm Kopf einer Sardine durchstechen, Fisch bis zum Griff durchziehen. Einen zweiten Spieß so durchs Schwanzende stechen. 3 weitere Fische auf die Spieße reihen. Dann mit den anderen Fischen eine zweite »Sardinenleiter« bauen.

3_Die Fische mit Öl bestreichen, pfeffern und auf einer Seite 4–5 Minuten grillen. Wenden und in 3–4 Minuten fertig garen.

Steckerl-muscheln

Nicht ganz billig. Aber fein!

Zutaten für 4 Personen:
2 Bio-Limetten | 1 Zwiebel | 1 EL scharfes Currypulver oder Tandoori-Gewürz
1 TL Zucker | 100 ml Öl
16 ausgelöste Jakobsmuscheln
150 g Räucherspeck (in Scheiben)
Salz | Pfeffer aus der Mühle
4 lange Schaschlikspieße (aus Holz)

Zubereitungszeit: 15 Minuten
+ 30 Minuten Marinieren
Kalorien pro Portion: 340 kcal

1_Die Limetten heiß waschen und die Schale fein abreiben, Saft auspressen. Zwiebel schälen und würfeln. Limettenschale und -saft mit Zwiebel, Gewürz, Zucker und Öl pürieren. Muscheln darin wenden, 30 Minuten in der Küche stehen lassen. Die Spieße in Wasser legen, dann brennen sie beim Grillen nicht.

2_Speck quer in muschelgroße Stücke schneiden. Je Spieß 4 gut abgetropfte Muscheln mit dem Speck aufstecken. Den Grill anheizen. Die Spieße salzen, pfeffern und an einer nicht zu heißen Stelle auf jeder Seite 1–2 Minuten grillen.

Dazu schmecken gegrillte Limetten: möglichst gelbe Früchte waschen, halbieren und 4–5 Minuten mit dem Anschnitt auf den Grill legen. Den warmen, aromatischen Saft über die Muscheln träufeln.

Salzgarnelen

Schön spanisch

Zutaten für 4 Personen:
500 g grobes Salz (am besten Meersalz)
500 g rohe Garnelen (mit Kopf und Schale) | 4 EL Weinbrand
1 große Grillschale (aus Aluminium)

Zubereitungszeit: 20 Minuten
Kalorien pro Portion: 125 kcal

1_Den Grill anheizen. In der Grillschale (oder in einer Pfanne) das Salz verteilen. Auf dem Grill in 5–10 Minuten schön heiß werden lassen. Inzwischen die Garnelen gut abspülen und wieder trockentupfen.

2_Die Garnelen auf das heiße Salz legen, dass es zischt. 2 Minuten zischen lassen, dann umdrehen. Nun den Brandy darüber gießen, anzünden und brennen lassen, bis er verlöscht ist – aber nach spätestens 1 Minute ist Schluss. Nun die Garnelen direkt auf dem Salz servieren. Dazu gibt's: Zitronenspalten und Aioli.

Basic-TIPP

Für zarten Fisch und Meeresfrüchte sollte die Hitze nicht zu stark sein, sonst ist das Äußere schnell zu dunkel, das Innere roh. Daher genug Abstand zwischen Rost und Glut bringen und die Stücke eher am Rand des Grills als in der Mitte brutzeln.

Süßes

Auch ohne Yin, Yang und Ayurveda haben wir das schon immer gewusst: Süßes wärmt – das Herz, den Magen und die Erinnerung. Eine wundervolle Süßspeise entlässt uns durchströmt von Zufriedenheit nach einem ohnehin schon gutem Essen in eine noch bessere Zukunft. Oder sie übernimmt als Hauptmehlspeise das gleich selbst mit dem guten Essen.

Dieses Kapitel ist daher den wärmenden Wonnen des Süßen gewidmet. Die können vom Mittelmeer kommen (Lavendel! Zabaione!!) oder vom Backofen (Espresso! Soufflé!!). Sie können einen so sanft umhüllen wie Safransirup die Birne und so schön zudecken wie die Karamellkruste den Milchreis. Und sie lassen einen vor Aufregung ganz heiß werden. Wer's nicht glaubt – einfach mal einen Blick auf die Diva der übernächsten Seite werfen. Und?

Süßes wärmt – das Herz, den Magen und die Erinnerung.

Das Obst-Quiz

Welche Gewächse haben hier was gemeinsam?

1. Kirsche	▢ Pomeranze
2. Aprikose	▢ Mandel
3. Honigmelone	▢ Holunder
4. Banane	▢ Kastanie
5. Haselnuss	▢ Kokosnuss
6. Pinienkerne	▢ Quitte
7. Apfel	▢ Gurke
8. Kumquat	▢ Sesam

1. Kirsche und Kokosnuss sind Steinfrüchte (Nuss = Stein) | 2. Ebenso die Aprikose und Mandel (botanisch ist der Stein die Frucht, das Fleisch nur Schutz | 3. Melone und Gurke sind botanisch verwandt (schmeckt man manchmal) | 4. Bananen sind botanisch Beeren wie der Holunder | 5. Haselnüsse und Kastanien sind echte Nüsse (die Erdnuss ist z. B. eine Hülsenfrucht) | 6. Pinienkerne sind wie auch Sesam Samen | 7. Apfel und Quitte sind Kernfrüchte | 8. Kumquats sind Zwergorangen, Pomeranzen Bitterorangen

Der letzte Pfiff

Creme Cappuccy

Das kommt von Creme Chantilly, und die heißt auf deutsch: Schlagsahne. Die italienische Version davon ist der Milchschaum, wie jeder echte Cappuccino-Aficionado weiß. Wer zu Hause die Möglichkeit hat, einen guten Milchschaum zu machen, der sollte diese auch für den Nachtisch nicht verstreichen lassen.

Ein schicker Obstsalat sieht mit lose darüber hingeworfenem Milchschaum richtig avantgardistisch aus. Auch zum kleinen, aber fetten Stück Schokoladenkuchen oder zur Apfeltarte ist so ein leichtes Wölkchen aus Milch eine stilsichere Ergänzung. Wer seine Mousse ganz traditionell im Töpfchen serviert, kann sie unterm Milchschaum verstecken – ist das Töpfchen eine Tasse, so sieht die mit der weißen Kapuze wie ein echter Cappuccino aus.

Oder wir steigen fix um auf Cappuccino Viennese – also die Schlagsahne-Version. Der simpelste Effekt ist, die Sahne mit etwas homemade Würz- und Kräuterzucker (Seite 14) abzuschmecken. Aber auch Kakaopulver, ein Gewürz wie Zimt oder ein dickes Püree aus Früchten (keine Ananas oder Kiwi, deren Enzyme machen die Sahne bitter) können ganz zum Schluss unter die Sahne gerührt werden, bevor sie ein Dessert vollendet.

Oder wir setzen richtig auf Substanz – und schlagen die Sahne zu gleichen Teilen mit Crème fraîche oder Mascarpone auf. Das geht, auch wenn es etwas mächtiger wird und fast selbst schon eine Mousse ist. Abgeschmeckt wird wie oben.

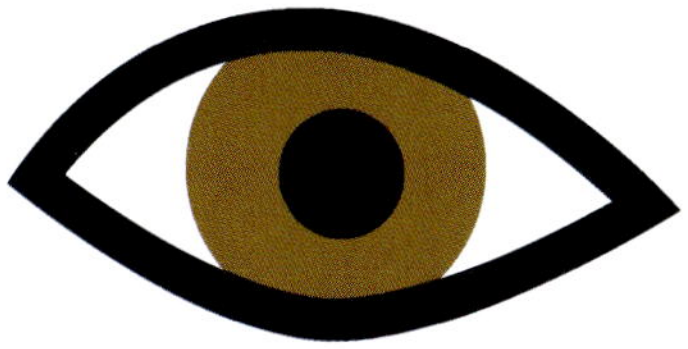

Tante Ilse über

»Aber bitte mit Sahne!«

Also der Udo Jürgens, dem kann ich einfach nicht böse sein. Auch wenn er ungefragt schon mal mindestens ein Kind in die Welt gesetzt hat und selbst bis zum Schluss ein junger Hupfer sein will, was mich in meinem Bekanntenkreis beides ziemlich nerven würde – beim Udo leiste ich mir inzwischen schon lange dieses Bravo-Gefühl, ein ziemlich unkritischer Fan zu sein. Bin immer froh, ihn zu sehen, selbst wenn es in der Margarine-Werbung ist, und er kann zudem singen, was er will, ich hör's gern.

Natürlich auch und ganz besonders: »Aber bitte mit Sahne.« Aber nur von Udo. Denn wenn ich den Paul beim Kaffee frage, ob er einen Schlag zu seiner Sachertorte will, und er dann sofort hektisch aufzuckend schmettert: »Aber bitte mit ...«, habe ich ihn auch schon niedergezischt: »Ruhe mit den billigen Witzen!« Zumal es zur Sacher natürlich »Obers« heißen müsste, bitteschön.

Einmal aber war's anders. Ich mit meiner Frage warte auf Paul mit seiner Sahne, da fängt der an zu swingen: *»Sie treffen sich täglich um Viertel nach Drei, ohoho, (oh yeah!) ...«* Der Rest ist Geschichte, die Nachbarn reden noch heute davon. Am Ende durfte Udo, pardon, Paul sogar »junges Gemüse« zu mir sagen. Und ich sagte nur: »Vielen Dank! Für die Blumen!«

Was mach' ich jetzt mit ... ... Melone?

»Da liegt sie im Kühlschrank, die halbe Melone, im Ganzen angeschafft an einem heißen Sommertag, ein echter Hochgenuss, aber eben nur zur Hälfte. Nun geht es nicht recht weiter mit uns beiden – nur Spalten essen mag ich nicht mehr.« Nun, wir hätten da schon Ideen. Nicht alle sind Nachtisch, aber bitte:

1. Süffiges: Melonenfleisch mit Cassis pürieren und im Glas mit Sekt oder Prosecco aufgießen.
2. Melonensalat: Melone entkernen, in vier Spalten teilen, Fruchtfleisch von der Schale schneiden und quer sehr dünn aufschneiden. 1 TL grüne Pfefferkörner mit 50 ml Möhrensaft aufkochen und mit 4 EL Olivenöl verrühren. Melone auf Tellern verteilen, ein bisschen Schinken (Parma, Serrano) drüberzupfen und das Dressing drüberträufeln.
3. Melonensuppe: Melonenfleisch mit etwas Fruchtsaft (Apfel, Orange, Traube) pürieren und mit Limettensaft säuern. Auf Tellern dazu 'nen Klacks Mascarpone, ein Stückchen Baiser und ein Blättchen Minze geben.
4. Granita: Melone wie gerade zuvor pürieren, dabei 1–2 EL Honig dazugeben. Das Püree in eine flache Schale füllen und in den Tiefkühler stellen. Sobald es fest zu werden beginnt, mit der Gabel aufrühren. Dies so lange wiederholen, bis es kleine Kristalle gebildet hat. Gleich servieren.

Was heißt denn ... ...dressieren?

Na, was soll das denn jetzt heißen? Das kennt doch jeder, äh ... hoppla. Das ist ja ein Kochbuch hier. Nichts mit lebenden Tieren. Und wir sind ja schon beim Nachtisch angelangt. Da ist eigentlich gar nichts vom Tier dabei – von Eiern und Milch mal abgesehen. Aber beides kann man nicht dressieren.

Kann man doch, Schlagsahne zum Beispiel oder eine Buttercreme. Denn in der Küche heißt »dressieren« nicht abrichten, sondern anrichten, aufrichten, herrichten (französisch: dresser) – also einer Sache eine Form geben. Etwa die eines aufgespritzten Sahnehäubchens, das dann hübsch »Sitz« macht auf der Spitze einer Eisbombe. Weswegen der Spritzbeutel auch »Dressiersack« genannt wird.

Auch außerhalb der Patisserie wird in der Küche dressiert – das Brathähnchen, wenn es in Form gebunden wird, oder Salat, wenn er ausgehfertig gemacht wird mit einem Dressing. Das kommt vom englischen »to dress«, anziehen. Die Marinade als Uniform, sozusagen.

Pavlova

Süßer Kult, um den Australien und Neuseeland sich reißen

Zutaten für 6–8 Personen:
Für das Baiser:
4 Eiweiße (Größe M)
1 Tasse Puderzucker (120 g)
1/4 Tasse Zucker (50 g)
1 EL Maismehl (aus dem Bio-Laden)
1 TL Zitronensaft
Für die Creme:
4 Eigelbe (Größe M)
1/4 Tasse Zucker (50 g)
1 TL Vanillemark
1 EL Maismehl (aus dem Bio-Laden)
3/4 Tasse Milch (150 ml)
1/2 Tasse Sahne (100 g)
Außerdem:
1 Tasse Sahne (200 g)
Früchte zum Dekorieren, z. B. Kiwis und Erdbeeren, schmeckt aber auch mit Pfirsichen, Himbeeren, Johannisbeeren

Zubereitungszeit: 1 1/2 Stunden
+ Kühlzeit
Kalorien pro Portion (bei 6 Personen):
335 kcal

1_Den Backofen auf 120 Grad vorheizen. Eine Springform (26–28 cm Ø) mit Backpapier auslegen.

2_Für das Baiser Eiweiß mit den Schneebesen des Handrührgeräts aufschlagen, bis sich weiche Spitzen bilden. Löffelweise den Puderzucker dazugeben und weiterschlagen, bis er sich gelöst hat. Normalen Zucker mit Maismehl mischen und mit dem Zitronensaft unterschlagen.

3_Die Baisermasse in die Springform füllen und im Ofen (Mitte, keine Umluft!) etwa 1 1/4 Stunden backen. Den Backofen ausschalten und Baiserboden darin abkühlen lassen.

4_Inzwischen für die Creme Eigelb mit Zucker, Vanillemark und Maismehl glatt und cremig rühren. In einen Topf geben, dann langsam Milch und Sahne einrühren. Bei mittlerer Hitze weiterrühren, bis die Mischung dicklich wird. Nun aufkochen, die Hitze sofort reduzieren und die Creme etwa 2 Minuten sanft köcheln lassen. Vom Herd nehmen und abkühlen lassen.

5_Baiserboden aus dem Ofen nehmen und weiter abkühlen lassen. Die abgekühlte Creme auf den Baiserboden gießen und glatt streichen. Im Kühlschrank gut durchkühlen lassen.

6_Vorm Servieren den Springformrand entfernen. Sahne steif schlagen und in großen Wolken auf der Creme verteilen. Früchte waschen oder schälen, dekorativ zerteilen und auf der Sahne anrichten.

Schnelle VARIANTE: Baisersahne mit Früchten

200 g Sahne ungesüßt steif schlagen und 100 g Mascarpone untermischen. 2–3 Baisers (fertig gekauft) zerkrümeln und unter die Sahnecreme rühren. Zum Schluss 250 g Himbeeren oder andere zerkleinerte Früchte locker unterheben. Unbedingt kühl servieren!

Basic-TIPP

Für Vanillemark entweder 2–3 Vanilleschoten längs aufschlitzen und mit dem Messerrücken das Mark herausschaben. Oder fertig im Tütchen kaufen: echte gemahlene Bourbon Vanille (Bio-Laden), natürliches Vanillearoma – flüssig oder in Pulverform (Supermarkt).
Die ausgeschabten Schotenhälften mit Zucker in ein verschließbares Gefäß füllen: Vanillezucker homemade! Hält ewig.

Obstsalat mit Lavendel-Zabaione

Ein Kinderspiel

Wahrscheinlich der erste messerscharfe Akt im Leben eines Jungkochs – Obst schnippeln mit der Mama! (Teigkneten ist doch was für Babies ..., macht aber trotzdem immer wieder Spaß).

Zutaten für 4–6 Personen:
1 Schüssel voll Obst, z. B.
1 Zitrone
2 Bananen
2 Orangen
1/2 Ananas
2–3 Äpfel
2 Birnen
300 g Erdbeeren
Für die Zabaione:
2 Saftorangen
3 Eigelbe (Größe M)
1/2 TL getrocknete Lavendelblüten (aus dem Gewürzladen oder der Apotheke)
2 EL Vanillezucker

Zubereitungszeit: ungewiss
Kalorien pro Portion (bei 4 Personen): 350 kcal

1_Zuerst mal die Zitrone auspressen, den Saft braucht man griffbereit. Dann die Bananen schälen, in Scheiben schneiden und sofort mit Zitronensaft mischen.

2_Nach und nach das restliche Obst in Häppchen zerlegen: Die Orangen rundum so schälen, dass auch die weiße Haut mit entfernt wird. Fruchtfleisch erst in schöne Scheiben schneiden, dann in Stückchen – die Kerne auf jeden Fall entfernen. Die Ananas schälen, den Strunk und auch die Augen herausschneiden, das Fruchtfleisch in Stückchen schneiden. Die Äpfel und Birnen gut waschen, dann vierteln, die Kerngehäuse entfernen und die Obststücke klein schneiden. Die Erdbeeren vorsichtig waschen und gut abtropfen lassen. Die Blattkelche herauszupfen, Erdbeeren klein schneiden.

3_Alles Obst in der Schüssel vorsichtig mischen und abgedeckt etwas durchziehen lassen.

4_Für die Zabaione eine Metallschüssel mit einem möglichst gewölbten Boden suchen (geht aber auch ohne den). In einem Topf, in den die Schüssel hineinpasst, handbreit Wasser erhitzen.

5_Den Saft der Orangen auspressen. Das Eigelb in die Metallschüssel geben und mit Lavendel und Vanillezucker verrühren. Schüssel nun ins heiße (nicht kochende!) Wasserbad setzen, langsam den Orangensaft einfließen lassen und währenddessen kräftig mit dem Schneebesen schlagen, bis eine schaumige Sauce entsteht. Gleich zum frischen Obstsalat servieren.

TIPP

Das Schöne am Obstsalat ist: Man kann alle möglichen Früchte und Obstsorten nehmen und mischen, es schmeckt eigentlich immer! Empfehlenswert sind natürlich Früchte der jeweiligen Saison. Spannend: mit Exoten experimentieren. Klassisch: in Saft oder Alkoholischem eingelegte Rosinen untermischen. Oder Lieblingsschokolade zerbröckeln und untermischen.

Basic-TIPP

Kühle Creme statt warme Sauce: Die Metallschüssel mit der warmen Zabaione gleich in kaltes Wasser (Spülbecken) setzen und so lange rühren, bis die Sauce abgekühlt ist. Dann 200 g geschlagene Sahne untermischen, kalt stellen und als feine üppige Creme zum erfrischenden Obstsalat servieren.

Birnen in Sirup

Prima zum Vorbereiten

Zutaten für 4 Personen:
150 g Zucker
3 EL Zitronensaft
300 ml Birnensaft
1 Döschen Safran (0,1 g)
12 Blättchen Zitronenmelisse
4 Birnen (je etwa 150 g)
4 Kugeln Vanilleeis

Zubereitungszeit: 35 Minuten
+ Kühlzeit nach Wunsch
Kalorien pro Portion: 295 kcal

1_Den Zucker mit dem Zitronensaft und dem Birnensaft in einem Topf mischen und zum Kochen bringen, den Safran hineingeben. 8 Zitronenmelisseblättchen waschen, in Streifen schneiden und dazugeben. Bei geringer Hitze zugedeckt etwa 10 Minuten köcheln lassen, der Zucker sollte sich dann aufgelöst haben.

2_Inzwischen die Birnen im Ganzen so schön wie möglich schälen, die Stiele dran lassen. Am besten aufrecht in einen schmalen hohen Topf stellen.

3_Den Sirup durch ein feines Sieb filtern, dann in den Birnentopf gießen. Die Birnen zugedeckt etwa 15 Minuten bei geringer Hitze köcheln lassen. Mit einer Messerspitze prüfen, ob die Birnen weich sind. Dann vom Herd nehmen und im Topf abkühlen lassen. Bis zum Servieren abgedeckt in den Kühlschrank stellen.

4_Ganze Birnen auf Dessertteller legen. Den Sirup im Topf noch mal kräftig aufkochen, nach Wunsch auch noch etwas dicklich einköcheln lassen. Die Eiskugeln zu den Birnen auf die Teller geben. Alles mit heißem Sirup begießen und sofort servieren. Mit den übrigen Melisseblättchen garnieren.

TIPP

Wer die Birnen gern warm essen mag, kann sie vorm Servieren einfach auch noch mal im Sud mit erhitzen.

Grießflammerie mit Himbeerpüree

Einfach lecker

Zutaten für 6 Personen:
1 l Milch | 80 g Zucker
1 Prise Salz
abgeriebene Schale von 1 Bio-Zitrone
125 g Weichweizengrieß
3 Eier (Größe M)
300 g TK-Himbeeren
2 EL Vanillezucker

Zubereitungszeit: 25 Minuten
(ohne Kühl- und Auftauzeit)
Kalorien pro Portion: 295 kcal

1_Eine dekorative Form (etwa eine Gugelhupfform) oder mehrere kleinere Formen bereit stellen (Inhalt insgesamt etwa 1 1/2 l).

2_Die Milch mit der Hälfte des Zuckers, Salz und Zitronenschale erhitzen. Sobald die Milch kocht, die Hitze auf niedrigste Stufe schalten. Grieß unter Rühren einrieseln lassen, in 6–7 Minuten ausquellen lassen. Dabei öfter mal durchrühren.

3_Die Eier trennen. Das Eiweiß mit dem Rest vom Zucker steif schlagen. Den Topf vom Herd nehmen und das Eigelb unterrühren. Etwa ein Drittel vom Eischnee sorgfältig untermischen, den Rest nur noch locker unterheben.

4_Die Form oder Formen kalt ausspülen, Grießbrei einfüllen, glatt streichen und abkühlen lassen. Dann abgedeckt im Kühlschrank gut durchkühlen lassen.

5_Rechtzeitig vorm Servieren die Himbeeren auftauen lassen. Mit dem Vanillezucker fein pürieren. Den Grießpudding stürzen (dafür die Form oder Formen kurz in heißes Wasser stellen), Himbeerpüree darüber gießen oder extra dazu reichen.

TIPP

Das schnellste Sorbet der Welt: TK-Himbeeren unaufgetaut mit dem Stabmixer pürieren. Sofort servieren. Köstlich!

Espresso-Schoko-Soufflé

Feine Sache als Dessert oder zum Kaffee

Zutaten für 4 Personen:
2 EL zerlassene Butter | 2 TL Vanillezucker | 2 Tässchen starker Espresso (etwa 50 ml) | 100 ml Milch
100 g Sahne | 50 g Zartbitter-Schokolade
50 g weiche Butter | 50 g Mehl
4 Eier (Größe M) | 1 Prise Salz
70 g Zucker | 1 EL Kakaopulver
Puderzucker zum Bestäuben

Zubereitungszeit: 40 Minuten
+ 35 Minuten Garen
Kalorien pro Portion: 510 kcal

1_Vier ofentaugliche Förmchen (je 150 ml Inhalt) mit flüssiger Butter auspinseln und gründlich mit Vanillezucker ausstreuen. Den Backofen auf 200 Grad (keine Umluft!) vorheizen, einen Bräter bereit stellen.

2_Espresso mit Milch und Sahne in einem Topf erhitzen. Schokolade hacken und bei geringer Hitze darin schmelzen. Weiche Butter und Mehl verkneten. Eier trennen, Eiweiß mit Salz und Zucker steif schlagen.

3_Kakao in die Espressomilch rühren, aufkochen. In kleinen Portionen Mehlbutter in die heiße Masse geben, unter Rühren darin auflösen. Topf vom Herd nehmen, Masse etwas abkühlen lassen. Eigelb nach und nach unterrühren. Ein Drittel vom Eischnee mit dem Schneebesen einrühren, Rest locker unterheben.

4_Bräter mit heißem Wasser aus dem Hahn (etwa 80 Grad) soweit füllen, dass die Förmchen zu drei Vierteln darin stehen können. Soufflémasse zu drei Vierteln in die Förmchen füllen (die Masse braucht Platz zum Aufgehen). Förmchen ins Wasser stellen und in den Ofen (unten) schieben.

5_Die Soufflés etwa 35 Minuten garen, bis die Masse schön luftig nach oben gestiegen ist. Die Backofentür zwischendurch nicht öffnen! Die fertigen Soufflés herausholen, kurz abkühlen lassen und mit Puderzucker bestäubt servieren.

TIPPs

Dazu gibt's leicht geschlagene Sahne mit 'nem Hauch Zimtzucker oder Kakaopulver. Super praktisch: Die Soufflés kann man am nächsten Tag noch mal in der Mikrowelle warm machen (1 Minute, 800 Watt).

Vanillecreme-Törtchen

Feines aus dem Muffinblech

Zutaten für 12 Stück:
300 g TK-Blätterteig (z. B. 4 Platten aus einer 6er-Packung mit 450 g)
200 g Sahne
1/2 Vanilleschote
abgeriebene Schale von 1/2 Bio-Zitrone
50 g Zucker
5 Eigelbe (Größe M)
1/2 TL Speisestärke
etwa 1 EL Puderzucker
etwa 1/2 TL Zimtpulver

Zubereitungszeit: 1 Stunde
Kalorien pro Stück: 205 kcal

1_Die Blätterteigplatten nebeneinander auf die Arbeitsfläche legen und auftauen lassen. Dann die Platten der Länge nach in je 3 gleich breite Streifen teilen (etwa 3 cm breit) und diese schneckenförmig aufrollen.

2_Die Mulden eines Muffinblechs kalt ausspülen. In jede Mulde eine Teigschnecke legen, in die Form pressen und fast bis zum Rand hochziehen, gut andrücken. Den Backofen auf 225 Grad (Umluft 200 Grad) vorheizen.

3_Die Sahne bis auf 2 EL in einen kleinen Topf geben. Vanilleschote aufschlitzen, das Mark mit dem Messerrücken herauskratzen. Mark mit Zitronenschale und dem Zucker unter die Sahne im Topf mischen und langsam erhitzen. Das Eigelb sehr gut verquirlen, dann erst in den Topf rühren. Alles bei geringer Hitze bis kurz vor den Siedepunkt erhitzen. Die 2 EL kalte Sahne mit der Stärke verquirlen, dazugeben und kräftig rühren, bis die Creme dickflüssig wird. Vom Herd nehmen und etwas abkühlen lassen.

4_Die lauwarme Creme in die mit Teig ausgelegten Mulden füllen. Im Ofen (Mitte) in 8–10 Minuten goldbraun backen.

5_Muffinblech aus dem Ofen nehmen, die Törtchen kurz abkühlen lassen und dann erst aus den Mulden lösen. Vollständig abkühlen lassen. Puderzucker mit Zimt mischen, in ein kleines Sieb geben und die Törtchen damit bestäuben.

Apfelpuffer mit Ahornsirup

Auch gut zum Sattessen

Zutaten für 4 Personen:
2 Eier (Größe M)
30 g Zucker
1 Prise Salz
300 ml Milch
200 g Mehl
500 g Äpfel
1 EL Zitronensaft
Butterschmalz zum Ausbacken
Ahornsirup nach Geschmack (oder Zimtzucker oder einfach brauner Rohrzucker)

Zubereitungszeit: 30 Minuten
Kalorien pro Portion: 620 kcal

1_Eier mit Zucker, Salz, Milch und Mehl zu einem glatten Teig verrühren. 15 Minuten quellen lassen.

2_Inzwischen die Äpfel vierteln, Kerngehäuse und Schale entfernen. Apfelviertel quer in feine Scheibchen schneiden oder grob raspeln und sofort mit Zitronensaft mischen, dann unter den Teig rühren.

3_In einer beschichteten Pfanne 2 EL Butterschmalz erhitzen. Mit einem Esslöffel Portionen vom Teig in die Pfanne geben, von beiden Seiten bei mittlerer Hitze in etwa 5 Minuten goldbraun braten.

4_Die Puffer auf Küchenpapier abtropfen lassen, mit Ahornsirup beträufeln und sofort servieren. Rest des Teiges ebenso verbraten.

TIPP

Falls alle Apfelpuffer gleichzeitig serviert werden sollen, dann die gebackenen im 80 Grad heißen Backofen stapeln und warm halten, bis der Teig verbraucht ist.

Milchreis karamellisiert

Schmeckt warm und kalt

Zutaten für 4 Personen (als Dessert, zum Sattessen für 2):
100 g Milchreis (Rundkornreis)
1/2 l Milch
1 Prise Salz
30 g Zucker
etwa 1/4 Vanilleschote
1 kleines Stück Zimtstange (1–2 cm, je nach Dicke)
1 TL Butter
etwa 1 1/2 EL brauner Rohrzucker

Zubereitungszeit: 40 Minuten (ohne Kühlzeit)
Kalorien pro Portion: 225 kcal

1_Den Reis im Sieb abspülen und gut abtropfen lassen. Die Milch mit Salz und Zucker in einen Topf geben und erhitzen. Das kleine Stück Vanilleschote längs aufschneiden, das Mark rausschaben und mit der Schote in die Milch geben. Die Zimtstange auch hineingeben.

2_Den Reis in die heiße Milch schütten, gut umrühren, dann bei kleinster Hitze 30 Minuten zugedeckt ausquellen lassen. Dabei öfter mal umrühren. Zum Schluss die Butter dazugeben und in dem Reis schmelzen lassen.

3_Den fertigen Milchreis in eine hitzebeständige, flache Schale (oder mehrere kleine Schälchen) umfüllen, dabei die Vanilleschote und Zimtstange entfernen. Kalt stellen und gut durchkühlen lassen (oder gleich warm essen).

4_Vorm Servieren den Backofengrill einschalten. Den Milchreis dünn mit dem braunen Zucker bestreuen. Direkt unter den heißen Grill schieben und den Zucker karamellisieren lassen (immer schön dabei bleiben und beobachten, dauert etwa 3–4 Minuten).

TIPP

Dazu Cranberry-Kompott, eingelegte Kirschen oder das Himbeerpüree vom Grießflammeri (Seite 152) servieren.

im Bild: echte Vanillesauce

Basic:

Ganz exakt: »Eier im Wasserbad aufschlagen«. Denn so steht es bei vielen süßen Rezepten dabei. Aber wie geht das jetzt genau?

Mit dem Wasserbad ist ein Topf gemeint, der zur Hälfte mit siedendem Wasser gefüllt ist und auf dem eine Schüssel sitzt. In der wird dann das Ei unter Schlagen mit dem Schneebesen heiß gerührt. Aber warum? Und wozu mit diesem Aufwand? Wenn Ei heiß wird, stockt es, das kennen wir vom Rührei. In der Zuckerküche ist eher die Stufe vor dem Rührei gefragt, in der die Eier zwar schon binden, aber noch geschmeidig und luftig, statt stockig sind, was etwa eine Mousse zart stabilisiert. Für diese Bindung braucht es die sanfte umfassende Hitze des leicht siedenden Wasserbads (unter 100 Grad). Die Schüssel darüber ist aus Metall und der Boden möglichst gewölbt, damit der elastische Schneebesen ungehindert toben kann. Ob sie das Wasser berührt oder im Dampf hängt, liegt am eigenen Geschick. (Nur reinspritzen sollte nichts.) Jetzt wird die Eimasse schön gleichmäßig aufgeschlagen, bis sie heiß, blass und dicklich ist – also schon bindet, aber noch nicht stockt. Profis machen jetzt den Test mit dem Holzkochlöffel: eintauchen und die Rückseite des Löffels sanft anblasen. Schlägt die Masse dort dicke Wellen, die entfernt an ein Blüte erinnern, ist das Ei »zur Rose aufgeschlagen«. Oft wird es nun noch kalt gerührt – mehr im Tipp rechts.

Im Wasserbad ...

Schoko-Parfait

Mousse auf Eis

Zutaten für 4–6 Personen:
200 g dunkle Lieblingsschokolade
2 Blatt weiße Gelatine | 250 g Sahne
100 g Doppelrahm-Frischkäse
4 ganz frische Eier (Größe M)
1 Prise Salz | 80 g Zucker

Zubereitungszeit: 50 Minuten
+ 8 Stunden Tiefkühlen
Kalorien pro Portion (bei 4 Personen):
690 kcal

1_Die Schokolade in kleine Stücke hacken. Gelatine in kaltem Wasser einweichen.

2_Schokolade bei kleiner Hitze in 50 g Sahne und dem Frischkäse schmelzen, die ausgedrückte Gelatine darin auflösen. Die übrige Sahne steif schlagen. Eier trennen, das Eiweiß mit dem Salz steif schlagen.

3_Ein Wasserbad wie links beschrieben bauen. Eigelb und Zucker überm siedenden Wasser heiß und dickschaumig schlagen. Jetzt das Ganze in Eiswasser kalt rühren, nicht schlagen (siehe Basic-Tipp).

4_Sahne und Eischnee noch steif? Sonst noch mal nachschlagen. Dann die Schokosahne und ein Drittel des Eischnees unter den Eischaum rühren, jetzt den übrigen Schnee und die Schlagsahne unterziehen. Masse in Tassen mit Folie bedeckt mindestens 8 Stunden gefrieren. 10 Minuten vor dem Servieren in die Küche holen.

Echte Vanillesauce

Ihre Stärke: keine Stärke

Über die Vor- und Nachteile von Vanillepudding aus der Tüte kann man streiten, über Tütenvanillesauce nicht – die ist nämlich gar nichts gegen eine selbst gemachte mit viel Ei und echter Vanille drin.

Zutaten für 4 Personen (1/2 l):
2 Vanilleschoten | 200 ml Milch
4 Eigelbe (Größe M) | 2 Eier (Größe M)
120 g Zucker

Zubereitungszeit: 20–25 Minuten
Kalorien pro Portion: 260 kcal

1_Vanilleschoten längs aufschlitzen, das Mark herauskratzen. Beides in der Milch sanft erhitzen, 15 Minuten ziehen lassen.

2_Inzwischen ein Wasserbad wie links beschrieben bauen. Eigelb, Eier und Zucker überm siedenden Wasser warm und schaumig schlagen, dann die nicht zu heiße Vanillemilch (ohne Schoten) dazugießen und weiterschlagen, bis die Sauce heiß, dick und schaumig ist.

3_Wird die Sauce heiß serviert, ist sie jetzt fertig. Muss sie noch stehen, sollte doch 1/2 TL Speisestärke dabei sein (wird in wenig kalter Milch angerührt und samt der heißen zugegeben). Das empfiehlt sich auch bei der kalten Version, die nach dem Schlagen in kaltem Wasser kühl gerührt wird (siehe Basic-TIPP).

Eierpunsch

Zum Schluss mit Schuss

Weil ja schon genug Alkohol getrunken wird, versuchen wir ihn in den Basics aus dem Essen rauszuhalten – wenn das Ergebnis nicht dagegen spricht (wie beim Coq au vin). Zum Schluss gönnen wir uns jetzt aber einen ordentlichen Schuss – ist ja auch was zu trinken.

Zutaten für 4 Gläser:
2 ganz frische Eier (Größe M)
2 TL Zucker | 1 TL Zitronensaft
200 ml Weißwein (Riesling wäre toll)
4 TL Rum

Zubereitungszeit: 15 Minuten
Kalorien pro Glas: 90 kcal

1_Ein Wasserbad bauen wie ganz links beschrieben. In der Schüssel Eier, Zucker, Zitronensaft und Wein heiß und cremig schlagen. Punsch auf vier Gläser verteilen.

2_Je 1 TL Rum hineingeben und einmal umrühren, dann gleich servieren.

Basic-TIPP

Oft muss der Eischaum abgekühlt werden – je schneller, desto besser. Dazu so viel eiskaltes Wasser ins Waschbecken füllen, dass die Schüssel gerade noch stehen kann, und die Masse darin mit dem Kochlöffel kalt rühren (nicht mehr schlagen!).

Register von A – Z

Damit Sie Rezepte mit ganz bestimmten Zutaten noch schneller finden können, stehen in diesem Register zusätzlich auch beliebte Zutaten wie **Kräuter** und **Tomaten** – ebenfalls alphabetisch geordnet und hervorgehoben – über den entsprechenden Rezepten.

Z

Vegetarisch

Für Gäste

Für Kinder

Klassiker

Schnell

Preiswert

Die Basic family

rund ums Kochen und Verwöhnen

Preis je Band **15,00 €** [D]

NEU

ISBN 978-3-8338-0446-5

ISBN 978-3-8338-0077-1

ISBN 978-3-7742-8795-2

ISBN 978-3-7742-6624-7

ISBN 978-3-7742-5798-6

ISBN 978-3-7742-4936-3

ISBN 978-3-7742-4910-3

ISBN 978-3-7742-2005-8

ISBN 978-3-7742-1642-6

ISBN 978-3-7742-1142-1

Impressum

Sebastian Dickhaut und **Sabine Sälzer** haben 1999 in München die GU-Reihe Basic cooking erfunden. Der Koch, Autor und Journalist Sebastian arbeitet dort im eigenen Werkstattbüro, die Autorin und Redakteurin Sabine beim Gräfe und Unzer Verlag. Für Basic Cooking 2 hat sie wie immer die Produktion organisiert und wie schon im Ur-Basic die Rezepte geschrieben. Außer den Basic-Special-Rezepten am Ende der Kapitel – die sind von Sebastian, der wie immer für alle Know-how-Texte, Magazinseiten und Kapitelaufmacher zuständig war.

Fragen, Ideen, Kritik? Bitte an:
sabine.saelzer@graefe-und-unzer.de oder
info@sebastian-dickhaut.de

Oder hier schauen:
www.gu-online.de (GU–Homepage)
und www.rettet-das-mittagessen.de
(Sebastians Blog)

Doris Birk	Programmleitung
Birgit Rademacker	Leitende Redakteurin
Sabine Sälzer	Projektleitung, Redaktion
engels + partner, Thomas Jankovic	Gestaltung & Layout, Illustrationen, Cover, Poster
Redaktionsbüro Christina Kempe	Lektorat, Satz/DTP, Gestaltung
Petra Bachmann	Schlusskorrektur
Barbara Bonisolli	Foodfotografie
Hans Gerlach	Foodstyling
Alexander Kühn	Assistenz Foodstyling
Claudia Juranits	Mitarbeit im Studio Bonisolli
Alexander Walter	Peoplefotografie
Laura Masching	Foto-Assistenz
Coco Lang	Regal-Stillife-Fotos
Susanne Mühldorfer	Herstellung

Der Basic-Freundeskreis als Models:
Janna Sälzer, Gabie und David Schnitzlein, Marc Strittmatter, Christa Schmedes, Katharina Lisson

Repro: Repro Ludwig
Druck und Bindung: Druckhaus Kaufmann

Bildnachweis:

Barbara Bonisolli: alle Rezeptfotos im Studio, Stepfotos auf S. 20–23, außerdem die Motive auf S. 39, 44 (Mitte), 63, 64 (rechts), 69 (links), 92 (Mitte), 109 (links), 116 (Mitte), 119 (rechts), 126 (rechts)

Alexander Walter: alle Peoplefotos mit den Basic-Models, außerdem die Motive auf S. 25, 53 (rechts), 68 (Mitte), 73 (links), 91, 101 (links u. rechts), 103 (außer unten links), 109 (rechts), 133, 136 (rechts), 139, 151, 155 (rechts), 167

Coco Lang: Regalfotos auf S. 14/15, 28/29, außerdem die Motive auf S. 49 (rechts), 51 (rechts), 54 (Mitte), 55 (links), 84 (Mitte), 86, 103 (unten links), 106 (unten), 108 (Mitte), 123 (links), 141 (Mitte), 155 (links)

Fotos von der Bildagentur StockFood:
S. 32: ©StockFood.com/Fotos mitgeschmack; S. 38: ©StockFood.com/Barber, Lisa; S. 78: ©StockFood.com/Robertson, Lew; S. 79: ©StockFood.com/FoodPhotogr. Eising; S. 99: ©StockFood.com/FoodPhotogr. Eising; S. 114: ©StockFood.com/Westermann, Jan-Peter; S. 132: ©StockFood.com/Bender, Uwe; S. 146: ©StockFood.com/Rose, Ludger; S. 147: ©StockFood.com/Acme Food Arts

engels + partner, Thomas Jankovic:
alle Illustrationen, Cover-Zitronen

ISBN 978-3-8338-0446-5

1. Auflage 2007

DANK
... an Erdmute Albat, Klaus Neumann und Lea – weil wir für die Fotoproduktion wieder in unsere Basic-Lieblingswohnung durften.
... fürs intensive Mitköcheln, Testkochen, Ideen spenden an Marc, Christa, Nicole Stich und Detlev Ullrich.

Das Original mit Garantie

Ihre Meinung ist uns wichtig.
Deshalb möchten wir Ihre Kritik, gerne aber auch Ihr Lob erfahren, um als führender Ratgeberverlag für Sie noch besser zu werden. Darum: Schreiben Sie uns! Wir freuen uns auf Ihre Post und wünschen Ihnen viel Spaß mit Ihrem GU-Ratgeber.

Unsere Garantie:
Sollte ein GU-Ratgeber einmal einen Fehler enthalten, schicken Sie uns bitte das Buch mit einem kleinen Hinweis und der Quittung innerhalb von sechs Monaten nach dem Kauf zurück. Wir tauschen Ihnen den GU-Ratgeber gegen einen anderen zum gleichen oder ähnlichen Thema um.

GRÄFE UND UNZER VERLAG
Redaktion Kochen & Verwöhnen
Postfach 86 03 25
81630 München
Fax: 089/41981-113
e-mail: leserservice@graefe-und-unzer.de

GRÄFE UND UNZER

Ein Unternehmen der
GANSKE VERLAGSGRUPPE

100 JAHRE GANSKE VERLAGSGRUPPE

Meine Speisekammer

Rechts gibt es alle Homemade Basics zum Aufhängen in der eigenen Küche. Und unten steht alles Wichtige zur Verwendung und Haltbarkeit.

Oberes Regalbrett (von links nach rechts)

Würz- und Kräuterzucker: gut zu Früchten, Cremes, Torten. Kräuterzucker: 1 Woche lang frisch, 2–3 Wochen haltbar. Würzzucker hält 2 Monate.
Pesto: gut zu Nudeln, auf Röstbroten, in Dips, Krusten, Salaten. Im Kühlschrank 1 Woche lang perfekt, haltbar 2–3 Wochen.
Aromasalz: würzt Kurzgebratenes und Gegrilltes, zum Bestreuen von Gekochtem, toll auf Butterbrot. Bleibt 3–4 Wochen aromatisch.
Trockenkräuter: für Marinaden, kräftige Saucen, Ragouts, Schmorbraten. Halten dunkel und luftdicht verpackt 3 Monate.
Himbeersirup: für Süß- und Mehlspeisen, Drinks. Hält noch verschlossen Monate, offen im Kühlschrank 1–2 Wochen.
Estragonessig: für Salate, Marinaden, Saucen zu Gemüse, hellem Fleisch, Fisch, Meeresfrüchten. Hält wie Brombeeressig (ohne Bild) 1–2 Monate.
Minze-Orangen-Essig: für mediterrane bis asiatische Salate und Marinaden mit Gemüse sowie Fisch. Bleibt 4 Wochen frisch.
Würzöl: für Dressings, Dips, Marinaden, zum Anbraten. Hält 2–3 Wochen (mit frischen Zutaten) bis einige Monate (mit getrockneten Zutaten).
Gemüsefond: als Basis für Suppen, Saucen, Schmorgerichte. Hält gekühlt noch geschlossen 1 Monat, offen 1 Woche.
Chilisauce: als Dip zu Frittiertem, Gebratenem und Gekochtem; auch gut in Marinaden und Dressings. Hält noch verschlossen gekühlt viele Wochen, offen 1 Monat.

Unteres Regalbrett (von links nach rechts)

Sonnentomaten: gut pur oder aufs Brot, in Salaten und Saucen, an Schmorgerichten, Braten. Halten kühl und ölbedeckt 1 Monat.
Grünes Curry: Paste für Currygerichte mit Gemüse, Fisch und hellem Fleisch. Hält im Kühlschrank 2–3 Wochen.
Aprikosensenf: zu würzigen Würstchen, Schweinesteaks, gegrilltem Fisch. Bleibt gekühlt 2 Wochen frisch.
BBQ-Rub: zum Einreiben von großen Grillstücken und Steaks, zum Würzen von Frittiertem. Bleibt einen Sommer lang frisch.
Mango-Chutney: gut zum und im Curry, zu Reisgerichten, als Dip. In Gläsern 2 Wochen ziehen lassen, hält 1 Monat.
Paprika in Öl: lecker als Antipasti, aufs Brot, in Salaten, zu kaltem Braten, für Dips. Halten gekühlt mit Öl bedeckt 1 Monat.
Marmelade (die echte mit Zitronen): als Aufstrich, für Gebäck, Marinaden und Glasuren. Hält noch verschlossen 6 Monate, geöffnet kühl 1 Monat.

Die 18 Homemade Basics

Trockenkräuter

Robuste Kräuter (Thymian, Oregano, Salbei, Rosmarin, Majoran, Bohnenkraut, Lorbeer) an einem dunklen, luftigen, warmen Ort in lockeren Bündeln an ihren Zweigen aufhängen und trocknen. Dann im Ganzen oder abgerebelt dunkel und luftdicht aufbewahren. Geben warmen Gerichten Aroma.

Sirup

nach Omas Art: 700 g Himbeeren zerdrücken, 24 Stunden stehen lassen. Dann durch ein feines Tuch passieren. Je 100 ml Saft mit 200 g Zucker langsam aufkochen, in heiß ausgespülte Flaschen füllen, verschließen. Ergibt etwa 1 l. Schnelle Art: Sirup aus 500 g Zucker und 1/2 l Wasser kochen, mit 700 g Himbeeren aufkochen und passieren, dann wie oben abfüllen. Ergibt etwa 1 1/2 l.

Würz- und Kräuterzucker

Würzzucker A: Zucker mit gemahlenen Gewürzen (Anis, Zimt, Fenchel, Kardamom) mischen. B: krümeligen Kandis mit ganzen Gewürzen mörsern. C: Zucker mit ganzen Stücken (Vanilleschote, Zitrusschale, Zimtstange) mehrere Tage ziehen lassen. Kräuterzucker: groben Zucker mit Blättchen von »süßen« Kräutern (Minze, Zitronenmelisse, Basilikum) im Mörser zerreiben. Gut zu Früchten, Cremes, Kuchen,Torten.

Pesto

Die Blätter von 1 Bund Basilikum abzupfen, nicht waschen. 2 EL Pinienkerne rösten, abkühlen lassen. 3 Knoblauchzehen schälen und hacken. Alles mit 1 Prise Salz pürieren oder mörsern. Esslöffelweise 1/8 l Olivenöl und 50 g frisch geriebenen Parmesan unterrühren.

Aromasalz

Ganz einfach Salz mit Aromen mörsern: z.B. Fenchel, Kümmel, Pfeffer, Safran, Wacholder, Senfkörner, Bohnenkraut, Lorbeer, Majoran, Oregano, Rosmarin, Salbei, Thymian, Chilis, Ingwer, Knoblauch, Zitrusschale

Sonnentomaten

Die Sonne ist hier der Ofen, in dem die Tomaten darren, bis sie halb getrocknet sind. Dazu die Früchte (sehr fein: Kirschtomaten) halbieren, Schnittfläche mit Salz bestreuen. Mit dieser auf ein Backgitter setzen und 1 Stunde abtropfen lassen. Dann mit der Schnittfläche nach oben auf ein olivengeöltes Blech setzen und 5–6 Stunden im 100 Grad heißen Backofen trocknen lassen. Abgekühlt im Glas mit Kräutern und bestem Olivenöl auffüllen.

Grünes Curry

3 Schalotten, 3 cm frischer Ingwer, 2 Knoblauchzehen schälen. 10 kleine grüne Chilis putzen. Alles grob schneiden und mit je 1 Hand voll Koriandergrün und Basilikum, 1 TL gemahlenem Koriander, 3 EL Fischsauce, 3 EL Kokosraspeln und dem Saft sowie der Schale von 2 Limetten pürieren.

Aprikosensenf

1 Bio-Orange waschen und die Schale abreiben, Saft auspressen. Beides mit 100 g getrockneten Aprikosen und 1/2 TL getrockneten Lavendelblüten 5 Minuten kochen. Mixen und mit je 150 g scharfem und körnigem Senf mischen. In heiß ausgespülte Gläser füllen.

Basic cooking 2